ふだん使いに、贈りものに

折り紙でつくる 箱と袋もの

金杉登喜子／金杉優子／巽 照美

日本文芸社

はじめに

折り紙は心を託す文化だと思います。

2006年に『素敵に飾る折り紙ブロック』(日本文芸社)というタイトルで
本をまとめたのをきっかけに、これまでさまざまな書籍の出版に携わってきました。

立体の折り紙に感動したことから作品制作に取り組んでいる私ですが
今回、箱ものの折り紙を中心に制作するにあたり
基礎となる形から工夫して生活に使える実用的な作品を折りました。

現在はいろいろな千代紙や包装紙がありますから
それらを使って、少し手を加えた折り紙小物などを
楽しみながら折ってみてはいかがでしょうか。
誰かにプレゼントするなら、きっとよろこんでもらえるでしょう。

「昔ながらの日本の知恵が実はいちばん新しい」

この言葉を大切にし、
今までに経験してきたさまざまな生活の知恵と体験を生かして
自分なりに取り組み、作品を作りました。

なお、この本の制作にあたって、日本折紙協会で知遇を得た巽（たつみ）さんや
折り紙夢工房会員の協力を得て一冊にまとめました。

日常生活の彩りとして、想いを込めたプレゼントとして、
皆様と折り紙との交流に、この本が少しでもお手伝いになることを
祈っております。

金杉登喜子

目次

はじめに ……………………………………………………………… 2
本書の使い方 ………………………………………………………… 8
折り図の記号と折り方 ……………………………………………… 9
基本の折り方
　　ざぶとん折り／正方基本形 ……………………………………… 12

第1章　箱の折り紙

四角形の箱（伝承） ……… 14

四角形の箱
（伝承・高さアレンジ）……… 15

四角形の箱
（伝承・花アレンジ）……… 18

三角形の箱（伝承） ……… 21

五角形の箱 ……… 26

バラの箱 ……… 29

印鑑ケース ——— 34

プレゼントボックス
（印鑑ケースアレンジ）——— 35

仕切りつき収納箱❶
（三角形）——— 40

仕切りつき収納箱❷
（四角形）A ——— 44

仕切りつき収納箱❷
（四角形）B ——— 44

第2章　いろいろな器の折り紙

くず入れ❶ ——— 52

くず入れ❷ ——— 53

星のお皿 ——— 57

花のお皿❶ ——— 60

花のお皿❷ ——— 62

楊枝入れ ——— 64

 ペン立て ———— 66
 バスケット（ペン立てアレンジ）———— 67
 一輪挿し ———— 70

第3章　袋の折り紙

 ハートのミニバッグ ———— 74
 手さげ袋 ———— 77
 箸袋A ———— 80

 箸袋B ———— 80
 ポチ袋A ———— 84
 ポチ袋B ———— 84

 祝儀袋 ———— 87
 巾着袋 ———— 90

第4章 カバー、ケースの折り紙

ティッシュケース 94

フォトフレーム 96

小銭入れ 99

名刺入れ 103

お札入れ 107

ブックカバー 110

メガネケース 114

懐紙入れ 118

ランドセル 123

本書の使い方

本書の作品ページの見方を紹介します。

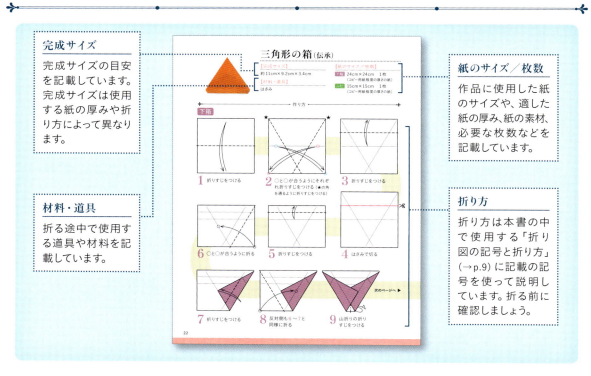

● 本書に掲載の折り図は、説明をわかりやすくするためにパーツごとに色を変えています。実際に使用する紙は、【紙のサイズ／枚数】と作品見本の写真を参考にして、お好みのものを使用してください。

● 完成サイズや完成時の使用感（箱の作品のふたのゆるさなど）は、使用する紙の厚みや素材によって異なります。完成した作品のパーツがうまくかみ合わないときは、【紙のサイズ／枚数】に記載の紙の素材を参考にしながら、薄い紙で折りなおすか、厚みのある紙で折る場合は折り図よりも少し外側にずらして折るなどして、厚みの分を調整してください。

● 折り図の途中で、折り位置の寸法の指定がある作品は、紙のサイズをアレンジして折る際、指定された折り位置の寸法を紙のサイズに合わせて適宜変更してください。

● 折り図では、説明をわかりやすくするために途中で部分的に拡大・縮小をしたり、角度を変えたりして図解しています。本書で使用している折り図の記号は「折り図の記号と折り方」（→p.9）を参照してください。

● 工程の途中で折り方がわからなくなったときは、前の工程に戻って折り図の通りに折れているか、ひとつひとつ確認しましょう。使用する紙のサイズを間違えていないか、折り始める前の紙の表裏が合っているか、山折り線と谷折り線を間違えていないか、途中の「向きを変える」「裏返す」などの記号を見落としていないかなど、間違いやすいポイントに気をつけましょう。

● 【紙のサイズ／枚数】に記載の「タント」は紙の名称です。コピー用紙よりも厚手の丈夫な紙質で、やわらかい質感が特徴です。タントの折り紙や大判の用紙は、紙問屋やネットショップなどで手に入ります。

● のりは、主に木工用や手芸用の接着剤を使用しています。細かい部分に使用する場合は、先端が細口のタイプがおすすめです。

折り図の記号と折り方

本書で使用している折り図の記号と折り方を解説します。

【谷折り】

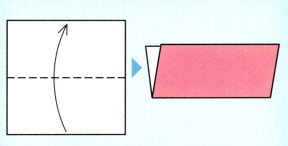

折った線が内側になるように折る。

【山折り】

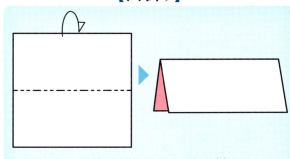

折った線が外側になるように折る。

【折りすじをつける】

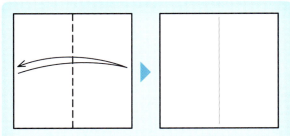

谷折り、または山折りして元に戻す
（あとで折るときのガイド線になる）。

【裏返す】

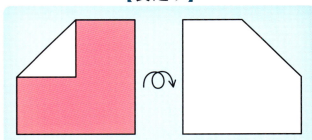

上下はそのままで紙を左右に裏返す。

【図を拡大する・縮小する】

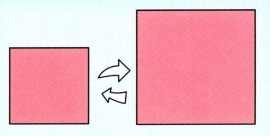

次の図が大きく／小さくなる。

【向きを変える】

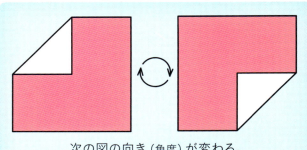

次の図の向き（角度）が変わる。

【開く】

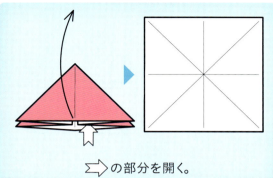

⇨の部分を開く。

【押し込む、つぶす】

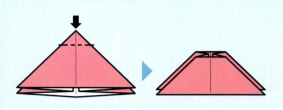

➡の部分を押し込む(中に沈める)、またはつぶす。

【さし込む、引き出す】

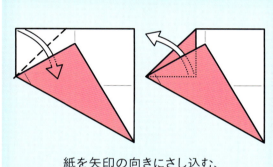

紙を矢印の向きにさし込む、
または引き出す。

【切る】

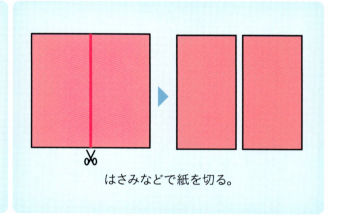

はさみなどで紙を切る。

【仮想線】

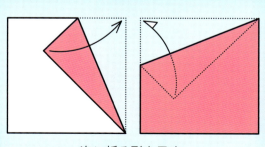

次に折る形を示す、
または隠れている部分の紙を表す。

【垂直、水平に折る】

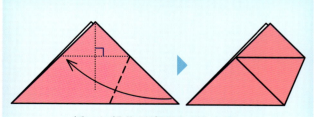

折った部分が底辺などと水平、
または頂点などから垂直になるように折る。

【等分にする】

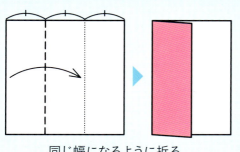

同じ幅になるように折る。

【○と○が合うように折る】

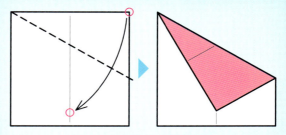

○と○が重なるように折る
(角が折りすじの線上に重なるように折る)。

【段折り】

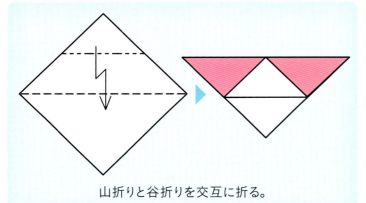

山折りと谷折りを交互に折る。

【巻き折り】

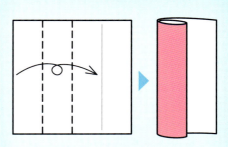

紙を巻くように端から順に折る。

【中割り折り】

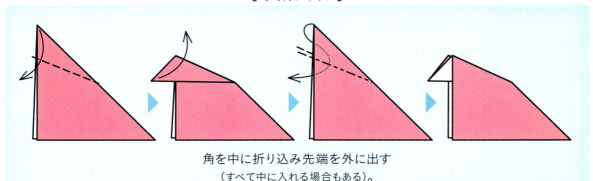

角を中に折り込み先端を外に出す
(すべて中に入れる場合もある)。

基本の折り方

本書でよく使う折り方を紹介します。
この折り方を使う作品は説明を省略しているので、
ここで折り方を覚えておきましょう。

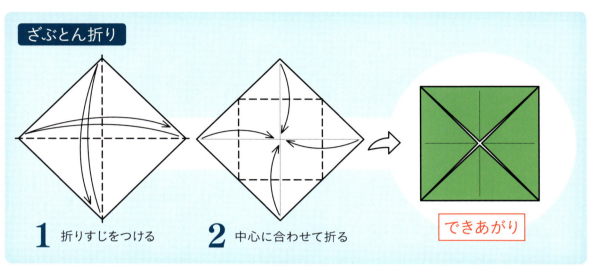

ざぶとん折り

1 折りすじをつける
2 中心に合わせて折る
できあがり

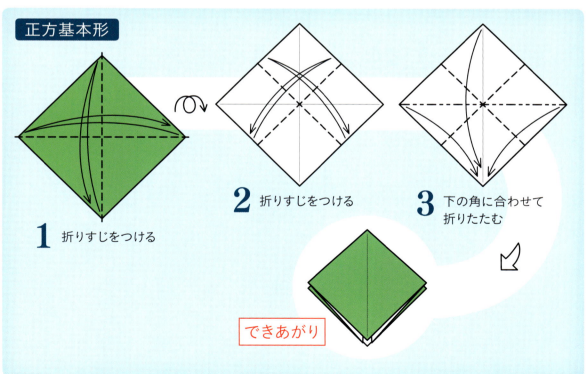

正方基本形

1 折りすじをつける
2 折りすじをつける
3 下の角に合わせて折りたたむ
できあがり

第1章
箱の折り紙

シンプルな四角形や三角形の伝承の箱から、
アレンジして高さを変えたり、花の飾りをつけたりと
楽しんで折れる作品をたくさん紹介しています。

四角形の箱
（伝承）

ふたと下箱が同じ高さのシンプルな四角い箱。
クリップや文房具などの小物類の整理や
プレゼントなど多用途に使えて便利です。

四角形の箱
（伝承・高さアレンジ）

伝承の箱のふたの高さを短く、
下箱の高さを長くアレンジしました。
下箱を柄のある紙で折っても◎。

四角形の箱（伝承）

【完成サイズ】約9cm×9cm×4.5cm

【紙のサイズ／枚数】25cm×25cm　2枚
（コピー用紙程度の厚さの紙）

・作り方・

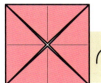

1 ざぶとん折り（→p.12）をする

2 折りすじをつける

3 もう1枚の紙で2までと同様に折り、右図のように 下箱 は中心に合わせて折りすじをつけ、ふた は中心から少しあけて折りすじをつける

折りすじをつけているところ（紙が厚手の場合、ふたのすきまを少し広げるとよい）

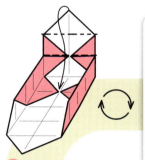

6 内側に折り込む

写真のように持って側面を立ち上げながら折り、立体にする

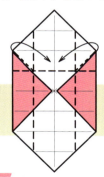

5 折りすじを使って図のように折り、立体にする

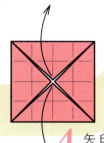

4 矢印のように開く（以降、下箱 と ふた をすべて同様に折る）

7 反対側も5と同様に折る

8 6と同様に折る

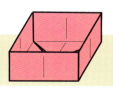

9 折ったところ

できあがり

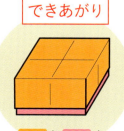

ふた と 下箱 を組み合わせる

四角形の箱（伝承・高さアレンジ）

【完成サイズ】
約6.7cm×6.7cm×5.5cm

【紙のサイズ／枚数】
ふた　15cm×15cm　1枚
（コピー用紙程度の厚さの紙）
下箱　24cm×24cm　1枚
（コピー用紙程度の厚さの紙）

第1章　箱の折り紙

四角形の箱（伝承）／四角形の箱（伝承・高さアレンジ）

・作り方・

1 p.16の四角形の箱（伝承）の1～2と同様に折り、○と○が合うように折りすじをつける

2 ○と○が合うように折りすじをつける

3 ○と○が合うように折りすじをつける

4 3の折りすじを使って折りすじをつける。残りの3カ所も1～3と同様にして折りすじをつける。p.16の四角形の箱（伝承）の4～9と同様に折る

折りすじをつけているところ

7 ○と○が合うように折りすじをつける

6 ○と○が合うように折りすじをつける

ふた

5 p.16の四角形の箱（伝承）の1～2と同様に折り、○と○が合うように折りすじをつける

8 7の折りすじを使って折りすじをつける。残りの3カ所も5～7と同様にして折りすじをつける。p.16の四角形の箱（伝承）の4～9と同様に折る

折りすじをつけているところ（紙が厚手の場合、すきまを少し広くするとよい）

できあがり

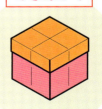

ふたと下箱を組み合わせる

17

四角形の箱
（伝承・花アレンジ）

伝承の箱のふたに花の飾りをつけるアレンジ。
置いておくだけでお部屋のアクセントに。
お好みで違う花や飾りにしても作れます。

四角形の箱（伝承・花アレンジ）

【完成サイズ】
約5.5cm×5.5cm×2.5cm
（花部分を除く）

【材料】
のり

【紙のサイズ／枚数】
箱 15cm×15cm　2枚
（コピー用紙程度の厚さの紙）
花 7.5cm×7.5cm　1枚
（コピー用紙程度の厚さの紙）

第1章 箱の折り紙　四角形の箱（伝承・花アレンジ）

作り方

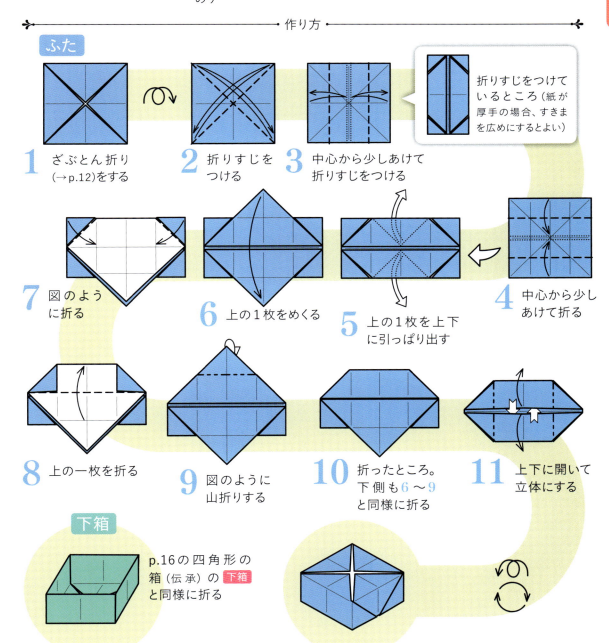

ふた

1 ざぶとん折り（→p.12）をする

2 折りすじをつける

3 中心から少しあけて折りすじをつける

折りすじをつけているところ（紙が厚手の場合、すきまを広めにするとよい）

4 中心から少しあけて折る

5 上の1枚を上下に引っぱり出す

6 上の1枚をめくる

7 図のように折る

8 上の一枚を折る

9 図のように山折りする

10 折ったところ。下側も6〜9と同様に折る

11 上下に開いて立体にする

下箱

p.16の四角形の箱（伝承）の 下箱 と同様に折る

19

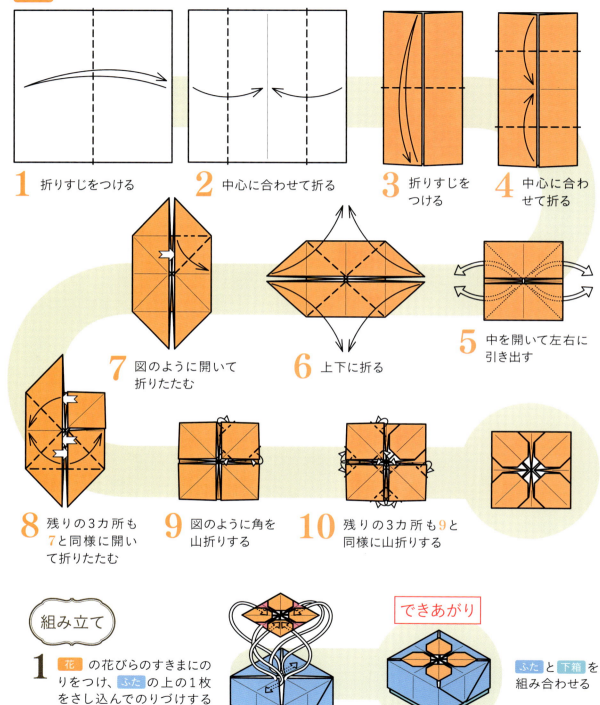

三角形の箱（伝承）

とんがった角がかわいい三角形の箱。
違う色の紙でたくさん折って、
インテリアとして飾っても素敵です。

三角形の箱（伝承）

【完成サイズ】
約11cm×9.2cm×3.4cm

【材料・道具】
はさみ

【紙のサイズ／枚数】
■下箱 24cm×24cm　1枚
（コピー用紙程度の厚さの紙）
■ふた 15cm×15cm　1枚
（コピー用紙程度の厚さの紙）

― 作り方 ―

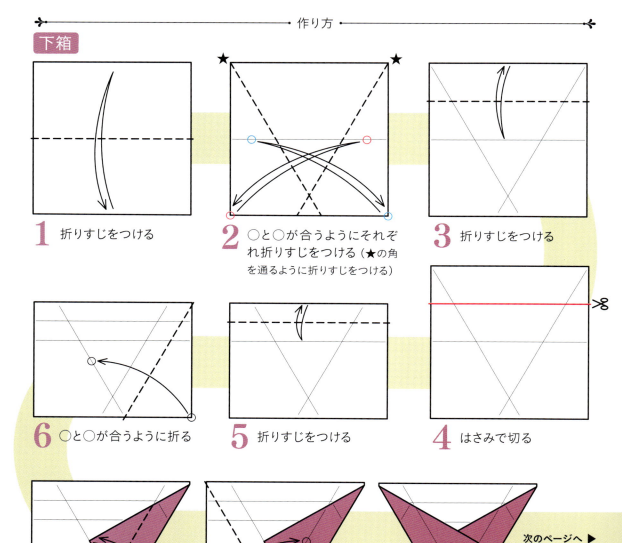

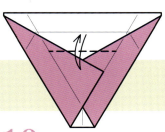
10 折りすじをつける

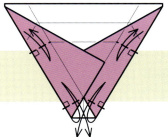
11 折りすじをつける

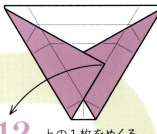
12 上の1枚をめくる

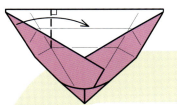
15 図のように折る

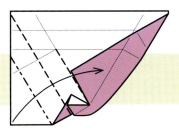
14 図のように折って角を立体にする

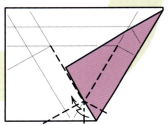
13 折りすじを使って段折り（→p.11）する

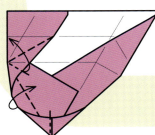
16 図のように折って側面を立ち上げ、角を立体にする

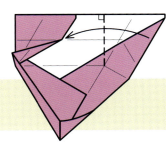
17 15と同様に折る

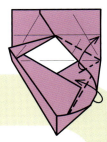
18 16と同様に折って側面を立ち上げ、角を立体にする

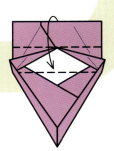
19 内側に折り込む

第1章 箱の折り紙　三角形の箱（伝承）

ふた

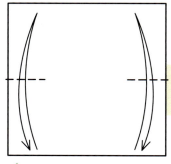

1 折りすじをつける

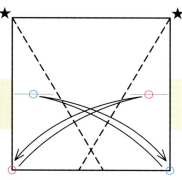

2 ○と○が合うようにそれぞれ折りすじをつける（★の角を通るように折りすじをつける）

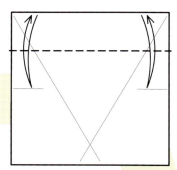

3 折りすじをつける

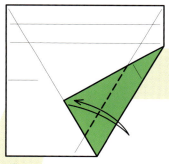

6 折りすじをつける

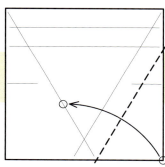

5 ○と○が合うように折る

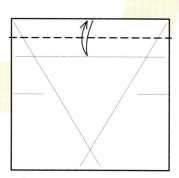

4 折りすじをつける

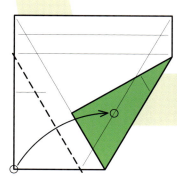

7 反対側も 5〜6 と同様に折る

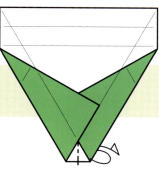

8 山折りの折りすじをつける

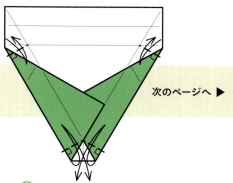

9 折りすじをつける

次のページへ ▶

24

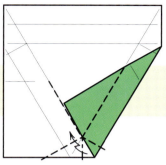
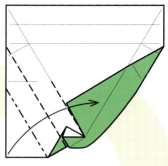

10 上の1枚をめくる

11 折りすじを使って段折り（→p.11）する

12 図のように折って角を立体にする

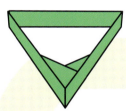

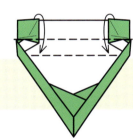
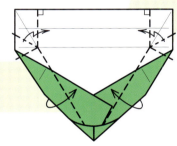

15 折り込んだところ

14 内側に折り込む

13 図のように段折り（→p.11）し、側面をそれぞれ立ち上げて角を立体にする

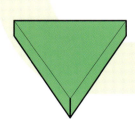
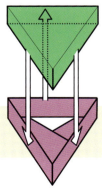

16 ふた の完成

17 ふた と 下箱 を組み合わせる

できあがり

第1章 箱の折り紙　三角形の箱（伝承）

五角形の箱

かわいい五角形の箱は、小さく折って
ピルケース、大きく折って小物の収納など
いろいろな用途に使えます。

五角形の箱

【完成サイズ】
約17.5cm×16.5cm×3.5cm

【材料・道具】
はさみ
のり

【紙のサイズ／枚数】
35cm×35cm　2枚
（コピー用紙〜タント程度の厚さの紙）

第1章 箱の折り紙　五角形の箱

― 作り方 ―

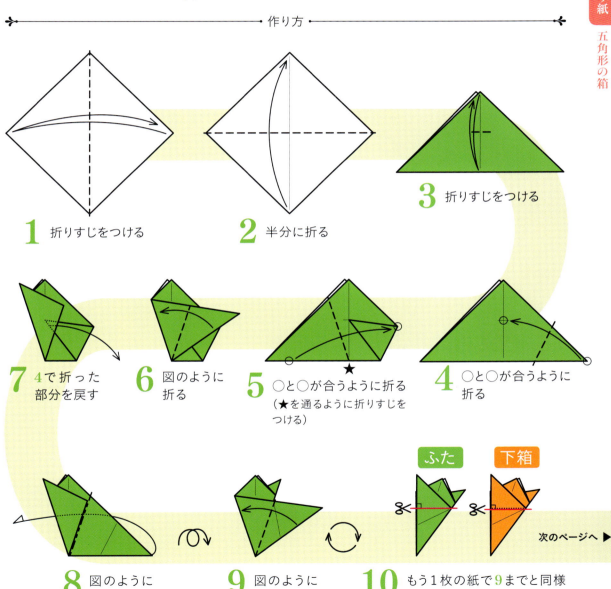

1 折りすじをつける

2 半分に折る

3 折りすじをつける

4 ○と○が合うように折る

5 ○と○が合うように折る
（★を通るように折りすじをつける）

6 図のように折る

7 4で折った部分を戻す

8 図のように山折りする

9 図のように折る

10 もう1枚の紙で9までと同様に折り、図のようにはさみで直角に切る（下箱 は ふた よりほんの少し短くなるように切る）

ふた　下箱

次のページへ ▶

27

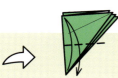

11 半分に折りすじをつける（以降、ふたと下箱をすべて同様に折る）

12 すべて開く

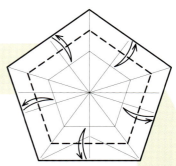

13 折りすじをつける（11でつけた折りすじもしっかりつけなおしておくとよい）

角をつまんで横にたおすようにして段折りし、順番に側面を立たせる

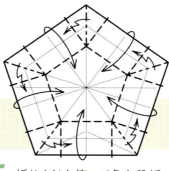

15 折りすじを使って角を段折り（→p.11）しながら側面を立ち上げ、立体にする

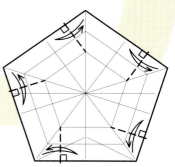

14 折りすじをつける

16 内側に折り込む（15で折った段折りをのりづけすると内側が浮かなくなる）

17 折ったところ（ふたと下箱の完成）

18 ふたと下箱を組み合わせる

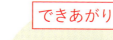

できあがり

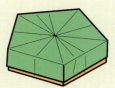

バラの箱

6個のパーツを組み合わせて作る箱に、
バラの飾りをつけてエレガントに。
さし込む花はお好みで変えても。

バラの箱

【完成サイズ】
約8cm×8cm×11cm

【材料・道具】
のり
ピンセット

【紙のサイズ／枚数】
下箱　ふた　15cm×15cm　6枚
（コピー用紙程度の厚さの紙）
飾りパーツ　15cm×15cm　6枚
（コピー用紙程度の厚さの紙）
バラ　15cm×15cm　1枚
（コピー用紙程度の厚さの紙）

作り方

下箱

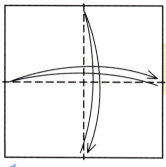

1 折りすじをつける

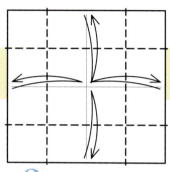

2 折りすじをつける

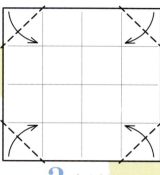

3 角を折る

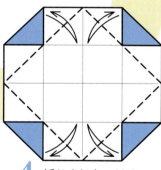

4 折りすじをつける

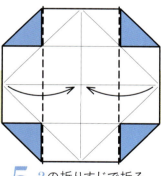

5 2の折りすじで折る

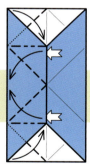

6 開いて7図のように折りたたむ

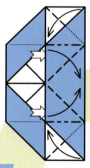

7 反対側も6と同様に折りたたむ

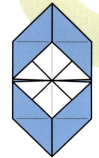

8 折ったところ。同じものを5個作る

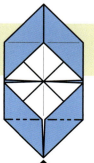

9 8のパーツ5個のうち、2個の下側を中割り折り（→p.11）して内側に入れる

30

第1章 箱の折り紙　バラの箱

飾りパーツ

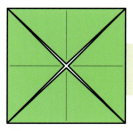

1 ざぶとん折り（→p.12）をする

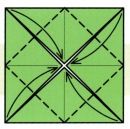

2 もう一度ざぶとん折り（→p.12）をする

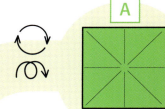

A 同じものを5個作る

3 2のうち1個を図のように折る

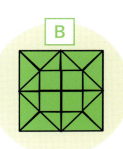

B

飾りのさし込み

1 下箱 に 飾りパーツ A をそれぞれさし込む（5個）

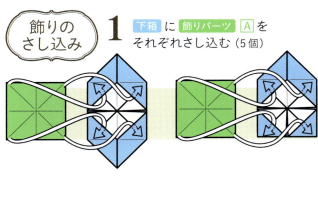

さし込んだところ

下箱の組み立て

1 飾りパーツ をさし込んだ 下箱 を図のように組み合わせてのりづけする

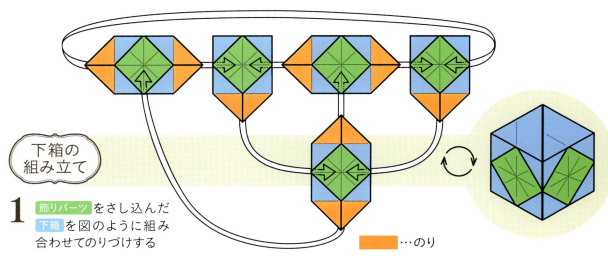

■ …のり

31

バラ

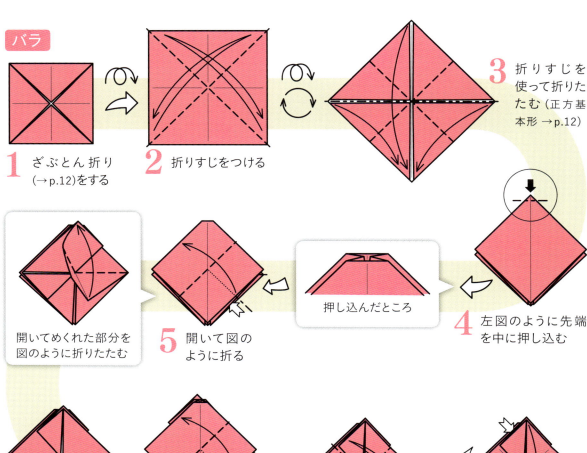

1 ざぶとん折り（→p.12）をする

2 折りすじをつける

3 折りすじを使って折りたたむ（正方基本形→p.12）

4 左図のように先端を中に押し込む

押し込んだところ

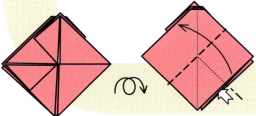

5 開いて図のように折る

開いてめくれた部分を図のように折りたたむ

6 折りたたんだところ

7 5と同様に折る

8 折りすじをつける（反対側も同様にする）

9 図のように折り（反対側も同様にする）、10 図のように開く

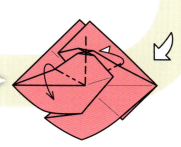

中心をピンセットでつまみ、反時計回りに1周ひねってしっかりくせをつける

10 ピンセットで中心をつまみ、くるりとひねってくせをつける

次のページへ▼

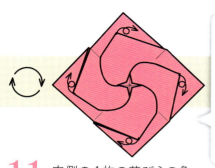
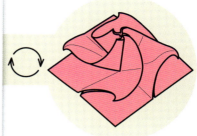

11 内側の4枚の花びらの角をピンセットでつまんで巻きつけ、くせをつける

花びらの角をピンセットではさみ、先端に巻きつけるようにしてくせをつける

第1章 箱の折り紙 バラの箱

ふたの組み立て

1 p.30 下箱 の3までと同様に折り、図のように折る

2 ふた の土台になる

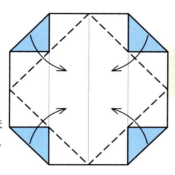
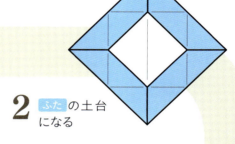

　　　…のり

3 p.31 飾りパーツ B に バラ をさし込んでのりづけする

4 3を2にさし込んでのりづけする

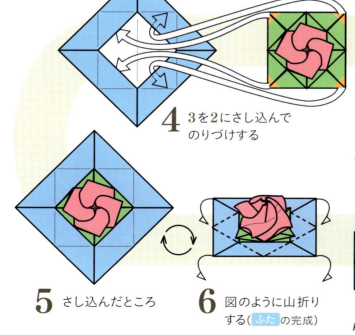
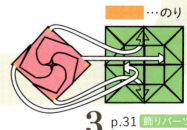

5 さし込んだところ

6 図のように山折りする（ ふた の完成）

7 下箱 に ふた をさし込む

できあがり

印鑑ケース

印鑑が2本入るスライド式の印鑑ケース。
使う紙のサイズを変えることで、
仕上がりの大きさを自由にアレンジできます。

プレゼントボックス
（印鑑ケースアレンジ）

印鑑ケースを大きな紙で折るだけの
かんたんアレンジでプレゼントボックスに。
質感のよい上品な紙を選びましょう。

印鑑ケース

【完成サイズ】
約10.5cm×4cm×1.8cm

【紙のサイズ／枚数】
15cm×15cm　2枚
（タント程度の厚さの紙）

・作り方・

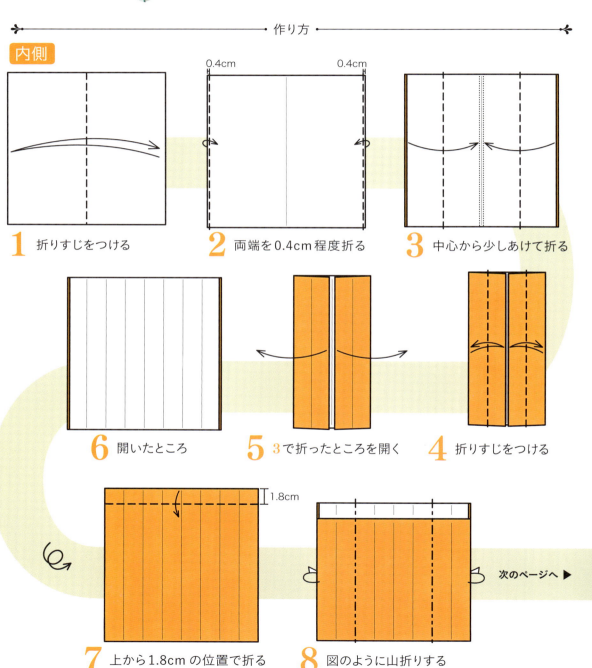

1 折りすじをつける
2 両端を0.4cm程度折る
3 中心から少しあけて折る
6 開いたところ
5 3で折ったところを開く
4 折りすじをつける
7 上から1.8cmの位置で折る
8 図のように山折りする

次のページへ ▶

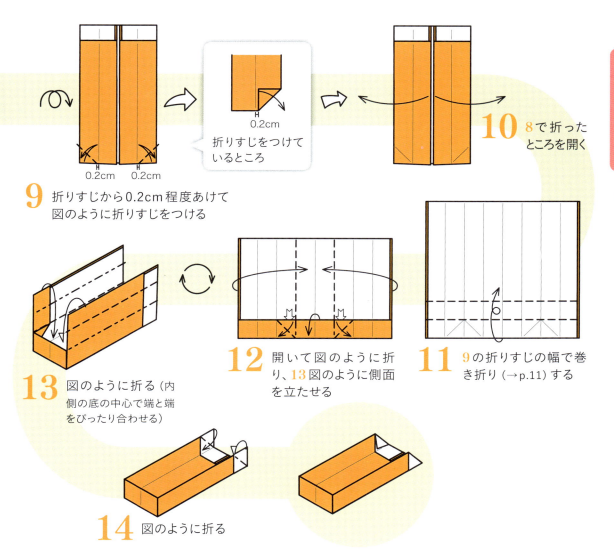

9 折りすじから0.2cm程度あけて図のように折りすじをつける

0.2cm 折りすじをつけているところ

10 8で折ったところを開く

11 9の折りすじの幅で巻き折り（→p.11）する

12 開いて図のように折り、13図のように側面を立たせる

13 図のように折る（内側の底の中心で端と端をぴったり合わせる）

14 図のように折る

外側

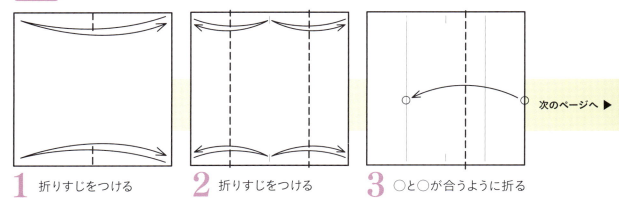

1 折りすじをつける

2 折りすじをつける

3 ○と○が合うように折る

次のページへ ▶

第1章 箱の折り紙　印鑑ケース

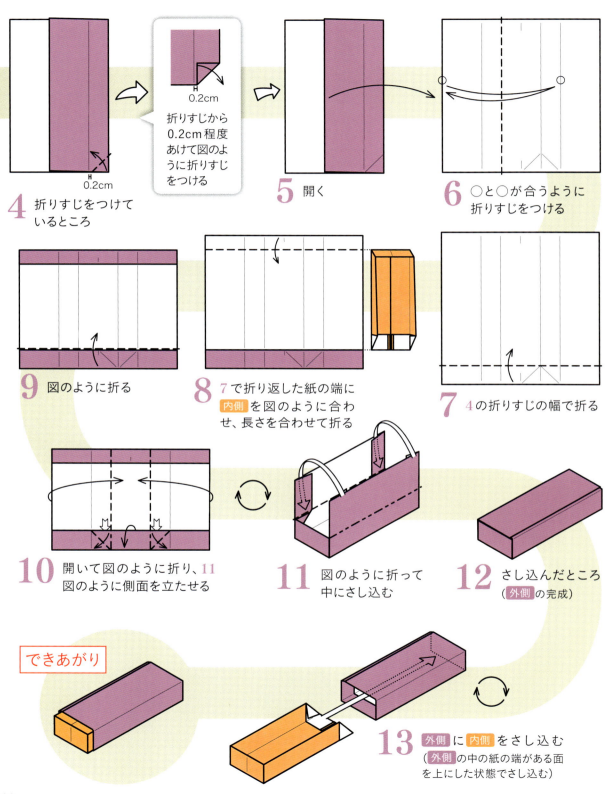

プレゼントボックス（印鑑ケースアレンジ）

【完成サイズ】
約12cm×19.5cm×6cm

【紙のサイズ／枚数】
47cm×34cm　2枚
（コピー用紙～タント程度の厚さの紙）

・作り方・

内側

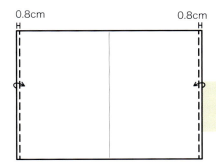

1 p.36印鑑ケースの 内側 の1と同様に折り、2は図のように折る（ほかのサイズの紙で折る場合、折る位置はだいたいで決めてよい）。3～6まで同様に折る

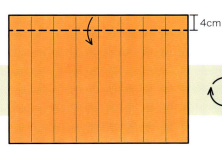

2 p.36印鑑ケースの 内側 の7で図のように折る（ほかのサイズの紙で折る場合、折る位置はだいたいで決めてよい）。8～14まで同様に折り、 内側 を完成させる。 外側 もp.37印鑑ケースと同様に作る

できあがり

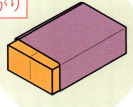

お好みで紙のサイズ（大きさや縦横比）を変えて折ると、違う形の箱に仕上がります！

仕切りつき収納箱 ❶
（三角形）

箱の中を十字に仕切った収納箱。
4つに分かれた三角形のスペースに
ボタンやアクセサリーなどをしまって。

仕切りつき収納箱 ❶ (三角形)

【完成サイズ】
約 13.3cm × 13.3cm × 3.7cm

【材料・道具】
はさみ
のり

【紙のサイズ／枚数】
25cm × 25cm　3枚
(コピー用紙〜タント程度の厚さの紙)

第1章 箱の折り紙
仕切りつき収納箱 ❶ (三角形)

― 作り方 ―

下箱

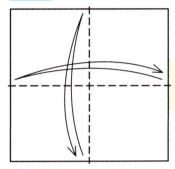
1 折りすじをつける

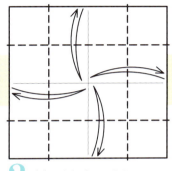
2 折りすじをつける

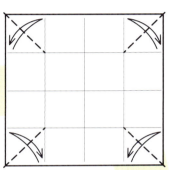
3 折りすじをつける

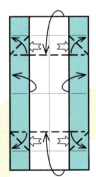
6 開いて図のように折り、7図のように側面を立たせる

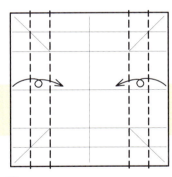
5 2の折りすじに合わせて左右を巻き折り(→p.11)する

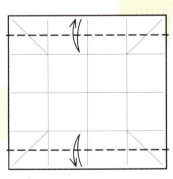
4 折りすじをつける

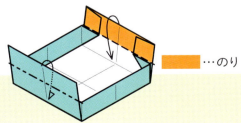
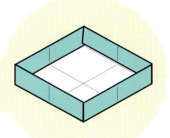
…のり

7 内側に折り込み、のりづけする

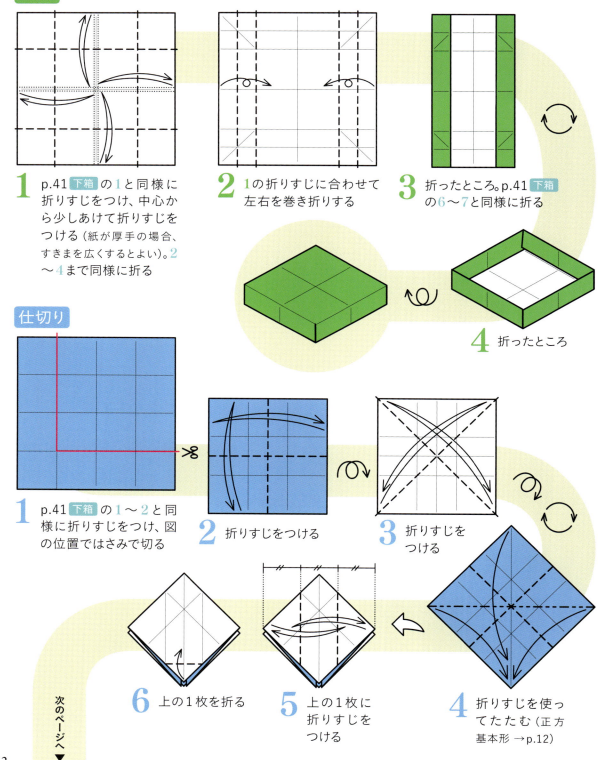

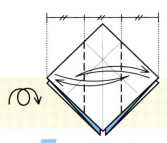
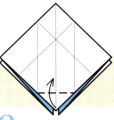
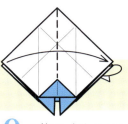
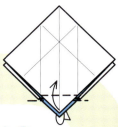

7 5と同様に折りすじをつける

8 上の1枚を折る

9 1枚めくる（反対側も同様にめくる）

10 上の1枚を折る（反対側も同様に折る）

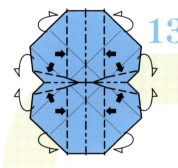
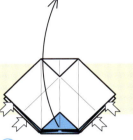
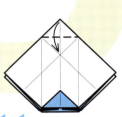

13 開いて浮き出てきた仕切り部分をつまんで図のように折り、立体にする

12 矢印のように開く（11で折った部分は開かない）

11 図のように折る

つまんでいるところ。十字につまんで仕切りを立たせる

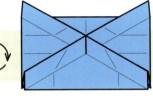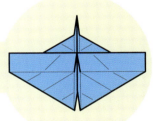

14 立体にしたところ

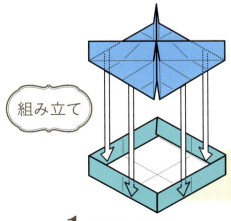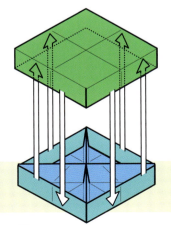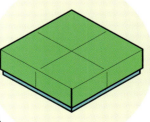

組み立て

1 仕切りを下箱にさし込む

2 ふたと下箱を組み合わせる

できあがり

第1章 箱の折り紙　仕切りつき収納箱❶（三角形）

仕切りつき
収納箱 ❷
（四角形）

長さと仕切りの形が異なる二種類の収納箱。
収納したいものの大きさに合わせて
仕切りを折る位置を調節してもOK です。

A

B

仕切りつき収納箱 ❷（四角形）A

【完成サイズ】
約6cm×13cm×3.2cm

【材料・道具】
はさみ
のり

【紙のサイズ／枚数】
箱 25cm×25cm　2枚
（コピー用紙〜タント程度の厚さの紙）
仕切り 12.5cm×25cm　1枚
（コピー用紙〜タント程度の厚さの紙）

第1章 箱の折り紙
仕切りつき収納箱❷（四角形）

作り方

下箱

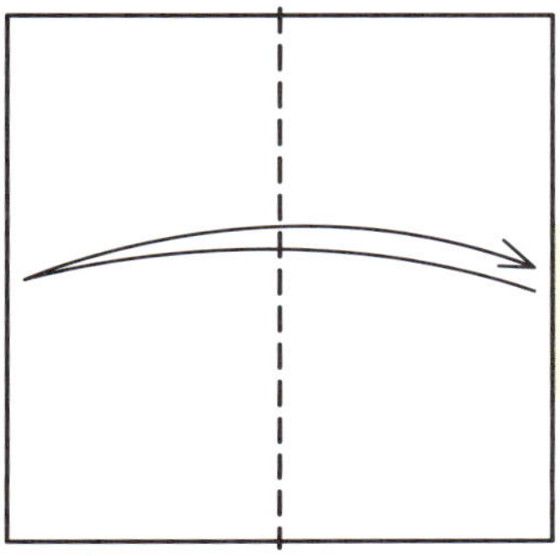

1 折りすじをつける

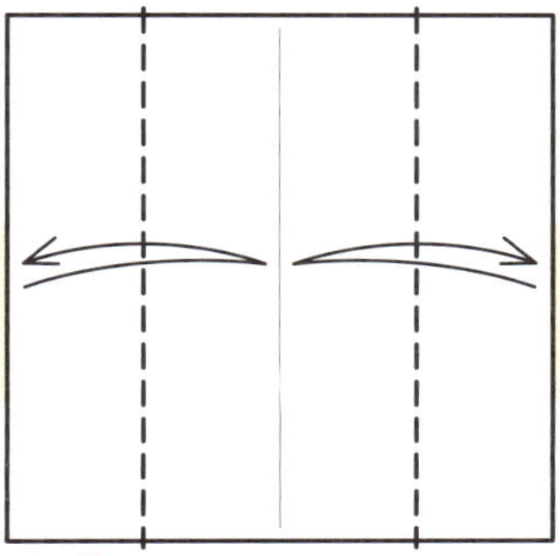

2 折りすじをつける

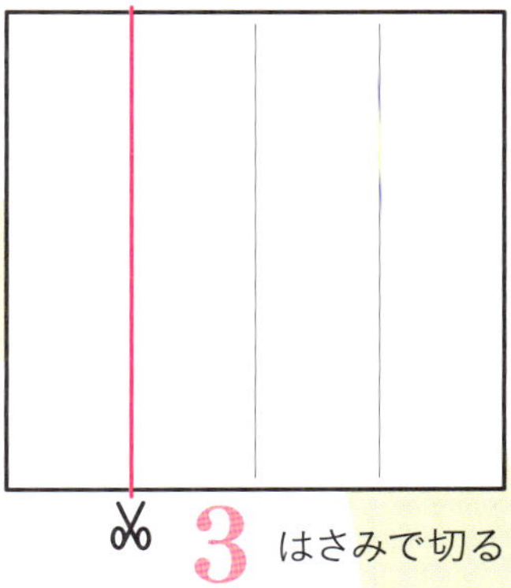

3 はさみで切る

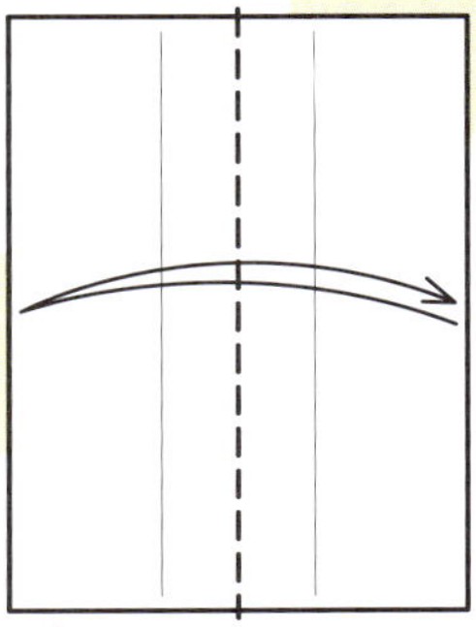

4 折りすじをつける

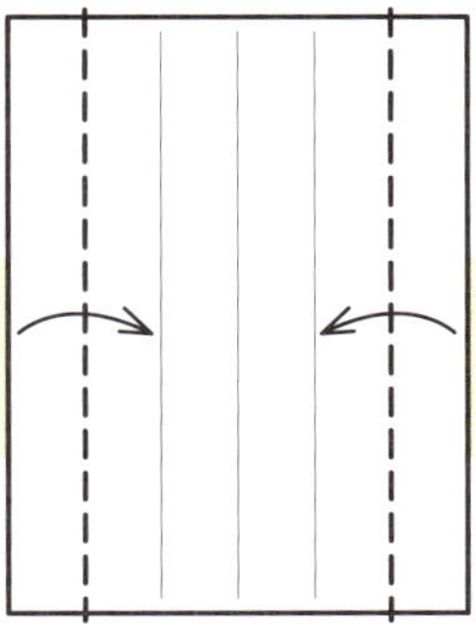

5 図のように折る

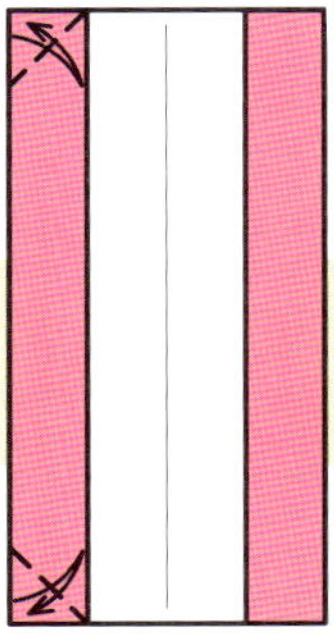

6 折りすじをつける

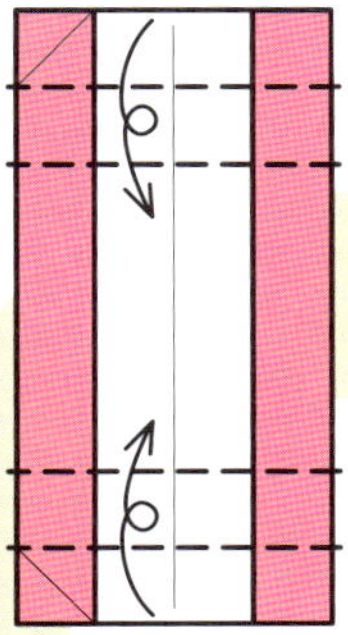

7 6の折りすじの幅で巻き折り（→p.11）する

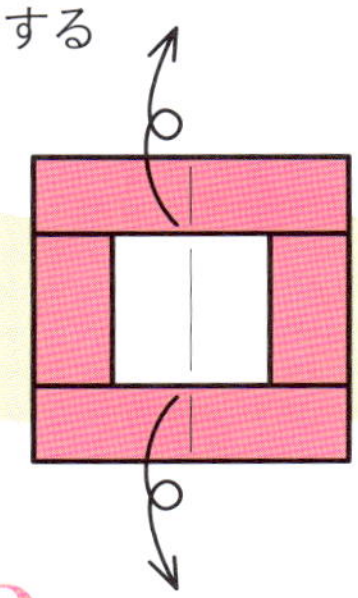

8 7で折った部分を開く

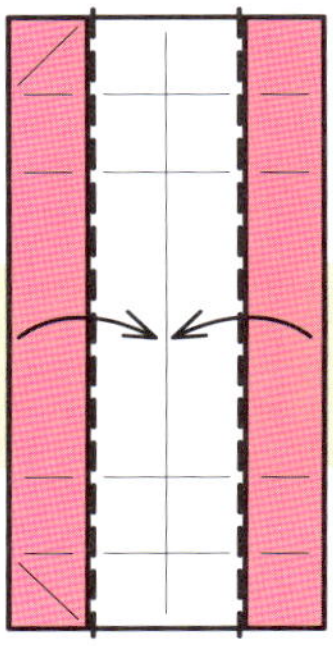

9 2の折りすじで折る

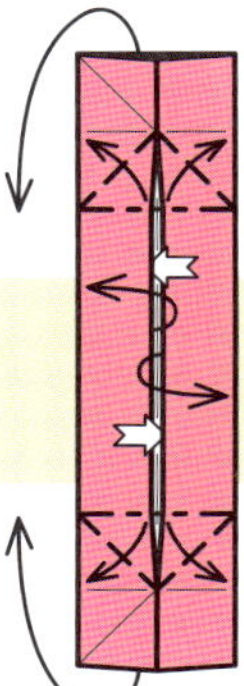

10 開いて図のように折り、11図のように側面を立たせる

次のページへ ▶

45

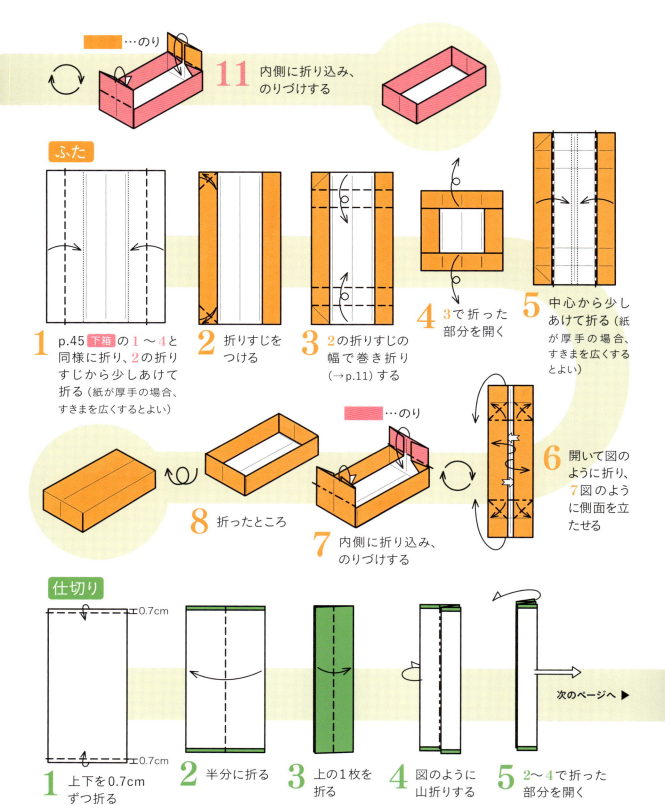

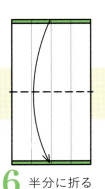
6 半分に折る

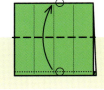
7 ○と○が合うように上の1枚を折る

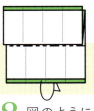
8 図のように山折りする

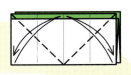
9 折りすじをつける

第1章 箱の折り紙

仕切りつき収納箱 ❷（四角形）

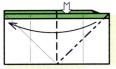

13 10と同様に折る

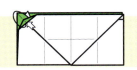
12 折り返したところ

11 左上の角を裏側に折り返す

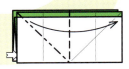
10 開いて11図のように折りたたむ

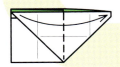
14 1枚めくる

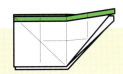
15 めくったところ。10〜14と同様に折る

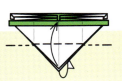
16 図のように折る（裏返して反対側も同様に折る）

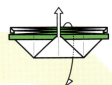
17 16で折った角をつまんで上下に引っぱるようにして18図のように広げる

20 折りたたんだところ

たたんでいるところ。裏から見ると仕切りが立ち上がった状態になるように折る

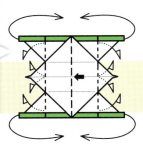
19 中心を押し込むように内側に折りながら図のように折りたたみ、左右の角の中を開いて（裏側に）立てる

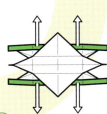
18 広げているところ。1で折った部分（紙の端）を引き出すように上下に広げる

次のページへ ▼

47

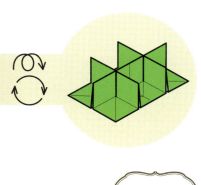
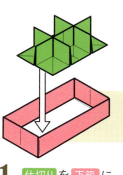
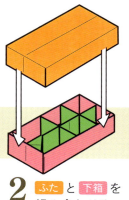
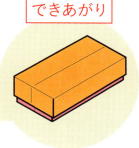

できあがり

組み立て

1 仕切り を 下箱 に さし込む

2 ふた と 下箱 を 組み合わせる

仕切りつき収納箱 ❷（四角形）B

【完成サイズ】
約6cm×10cm×3.2cm

【材料・道具】
はさみ
のり

【紙のサイズ／枚数】
箱　25cm×25cm　2枚
（コピー用紙〜タント程度の厚さの紙）
仕切り　12.5cm×25cm　1枚
（コピー用紙〜タント程度の厚さの紙）

・作り方・

下箱

1 p.45 下箱 の 1〜2 と同様に折り、はさみで切る

3cm

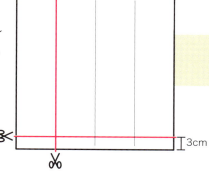
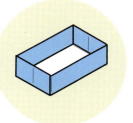

p.45 下箱 の 4〜11 と同様に折る

ふた

1 下箱 の 1 と同様にし、折りすじから少しあけて折る（紙が厚手の場合、すきまを広くするとよい）

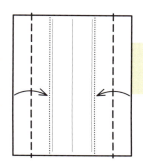
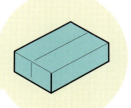

p.46 ふた の 2〜8 と同様に折る

仕切り

第1章 箱の折り紙　仕切りつき収納箱 ❷（四角形）

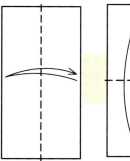
1 折りすじをつける

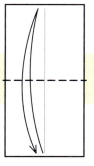
2 折りすじをつける

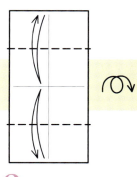
3 折りすじをつける

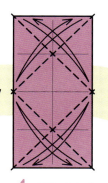
4 折りすじをつける

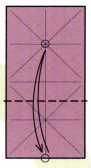
5 ○と○が合うように折りすじをつける

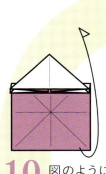
10 図のように裏へめくる

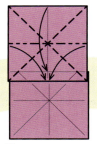
9 図のように折りたたむ

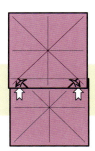
8 折りすじをつける

山折りと谷折りの位置を間違いやすいので注意

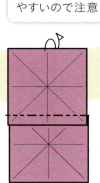
7 図の位置で山折りの折りすじをつける

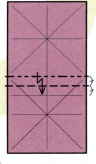
6 5の折りすじに合わせて段折り（→p.11）する

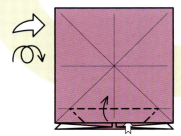
11 間を開いて上の1枚をめくる

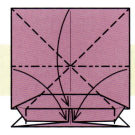
12 11でめくったところを押さえたまま図のように折りたたむ

13 上の1枚に折りすじをつける

次のページへ ▶

14 図のように折る

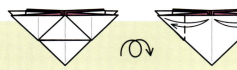
15 折ったところ
16 上の1枚に折りすじをつける

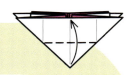
17 図のように折る

たたんでいるところ。裏から見ると仕切りが立ち上がった状態になるように折る

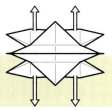
19 上下に開いて次の図のように広げる

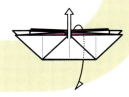
18 14と17で折った角をつまんで上下に引っぱるようにして19図のように広げる

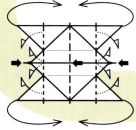
20 中心を押し込むように内側に折りながら図のように折りたたみ、左右の角の中を開いて（裏側に）立てる

21 折りたたんだところ

組み立て

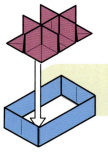
1 仕切りを下箱にさし込む

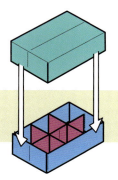
2 ふたと下箱を組み合わせる

できあがり

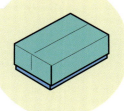

50

第2章
いろいろな器の折り紙

手軽に折れるくず入れや、ペン立てや一輪挿し、
お菓子やアクセサリーなどを入れられる星や花の形のお皿など、
実用的でインテリアとしても素敵な作品が作れます。

くず入れ ❶

チラシや不要な紙でさっと折って
作れるくず入れ。シンプルで上品な形なので
飾ったり、物を収納したりしても使えます。

くず入れ❷

こちらは正方形の紙で折るくず入れ。
新聞紙で折れば、ゴミと一緒に捨ててもOK。
折りたたんでストックしておいても便利です。

くず入れ ❶

【完成サイズ】
約12cm×12cm×4.7cm
（開いた状態）

【紙のサイズ／枚数】
21cm×29.7cm（A4サイズ）　1枚
（コピー用紙〜タント程度の厚さの紙）

作り方

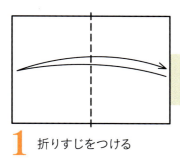

1 折りすじをつける　　**2** 半分に折る　　**3** 折りすじをつける

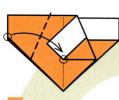 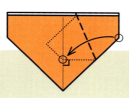 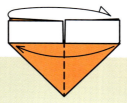 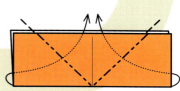

7 ○と○が合うように折る　　**6** ○と○が合うように折る　　**5** 1枚めくる（反対側も同様にする）　　**4** 図のように中割り折り（→p.11）する

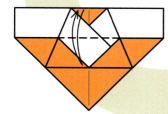 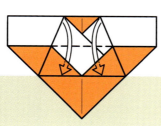 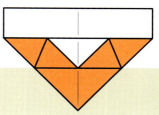

8 折りすじをつける　　**9** 8で折った部分の角を中に入れる　　**10** 中に入れたところ。反対側も6〜9と同様に折る

次のページへ ▶

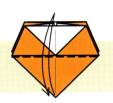

11 折りすじをつける

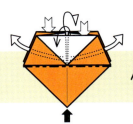

12 開いて底が四角くなるように広げる

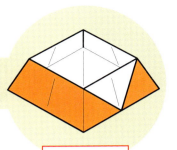

できあがり

第2章 いろいろな器の折り紙／くず入れ❶／くず入れ❷

くず入れ❷

【完成サイズ】
約17.5cm×12.5cm×6cm
（開いた状態）

【紙のサイズ／枚数】
35cm×35cm　1枚
（コピー用紙〜タント程度の厚さの紙）

――――― 作り方 ―――――

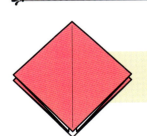

1 正方基本形（→p.12）を折る

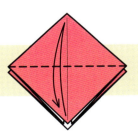

2 上の1枚に折りすじをつける

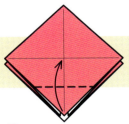

3 図のように折る

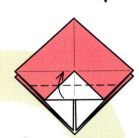

4 図のように折る

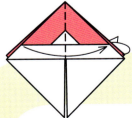

8 1枚めくる（反対側も同様にする）

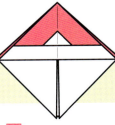

7 折ったところ。反対側も2〜6と同様に折る

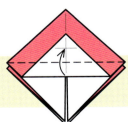

6 2の折りすじの位置で折る

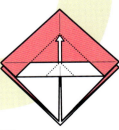

5 3、4で内側に巻き込んだ部分を引っぱり出す

次のページへ▼

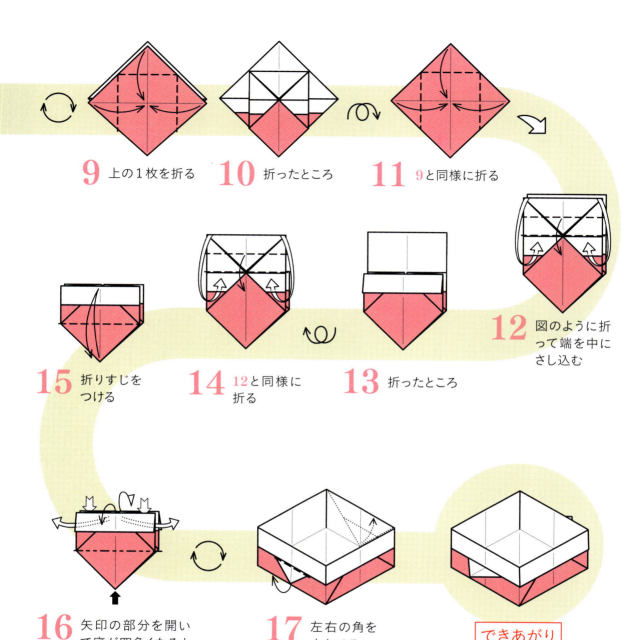

星のお皿

愛らしい星の形のお皿。折った紙が重なり、
厚みのあるしっかりとしたつくりです。
使う紙次第で和風にも洋風にも仕上がります。

星のお皿

【完成サイズ】
約25cm×21cm×5.5cm

【材料】
のり

【紙のサイズ／枚数】
42cm×59.4cm（A2サイズ）　1枚
（コピー用紙〜タント程度の厚さの紙）

※A4やA3サイズでも折れます（完成サイズが小さくなります）。

作り方

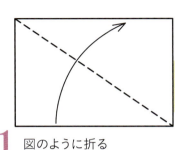

1 図のように折る

2 図のように山折りして中に入れる

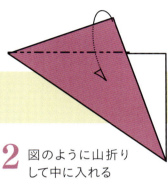

3 図のように折る

6 2〜5で折った部分を開く

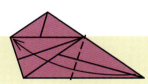

5 反対側の角も4と同様に折る

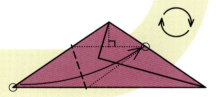

4 ○と○が合うように折る

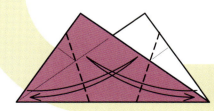

7 4、5の折りすじに合わせて折りすじをつける

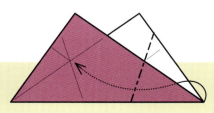

8 図のように中割り折り（→p.11）する

次のページへ ▶

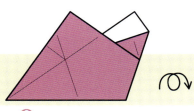
9 折ったところ

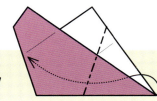
10 反対側も8と同様に折る

11 図のように山折りして中に折り込む

第2章 いろいろな器の折り紙 星のお皿

…のり

15 残りの4カ所も14と同様に折りすじをつける

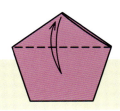
14 折りすじをつける

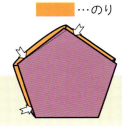
13 間を開いてのりづけする

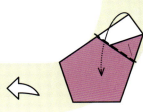
12 反対側も11と同様に中に折り込む

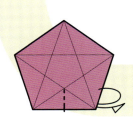
16 山折りの折りすじをつける

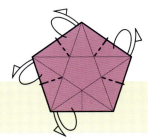
17 残りの4カ所も16と同様に折りすじをつける

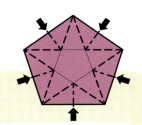
18 15、16の折りすじの部分を内側に押し込んで立たせ、立体にする

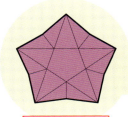
できあがり

花のお皿 ①

4枚の花びらの形になるお皿。
品のよい紙を使って、おもてなしの
テーブルセッティングに使っても素敵です。

花のお皿 ❶

【完成サイズ】
約 14.5cm × 14.5cm × 10cm

【材料】
のり

【紙のサイズ／枚数】
30cm × 30cm　1枚
（コピー用紙程度の厚さのやわらかい紙）

―――――――― 作り方 ――――――――

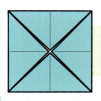

1 ざぶとん折り（→p.12）をする

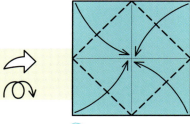

2 もう一度ざぶとん折り（→p.12）をする

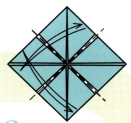

3 折りすじをつける

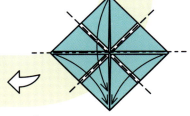

4 折りすじを使ってたたむ（正方基本形 →p.12）

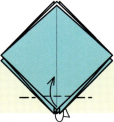

5 図のように折る（裏返して反対側も同様に折る）

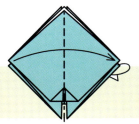

6 1枚めくる（裏返して反対側も同様にする）

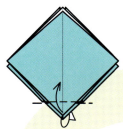

7 5と同様に折る

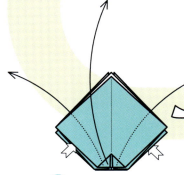

8 4で折った部分を開いて元に戻す

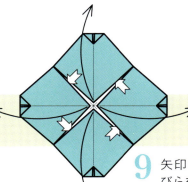

9 矢印のように花びらを開いて広げ、中心をつまむようにして形をととのえる

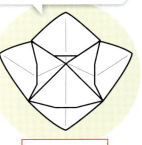

形が不安定なときは、表から中心をつまみながら裏の花びらどうしをのりづけすると安定する

できあがり

第2章 いろいろな器の折り紙　花のお皿❶

花のお皿 ❷

蛇腹に折った紙を輪にして左右にひねると
大きなお花が開いてお皿に仕上がります。
切り方を変えて花びらの形もアレンジ自在！

花のお皿 ❷

【完成サイズ】
約21cm×21cm×10cm

【材料・道具】
のり
はさみ

【紙のサイズ／枚数】
25cm×60cm　1枚
（コピー用紙程度の厚さのやわらかい紙）
※両面プリントの紙を使うか、2枚の紙の白い部分を貼り合わせてから使うとお皿の内側も柄になります。

第2章 いろいろな器の折り紙　花のお皿❷

・作り方・

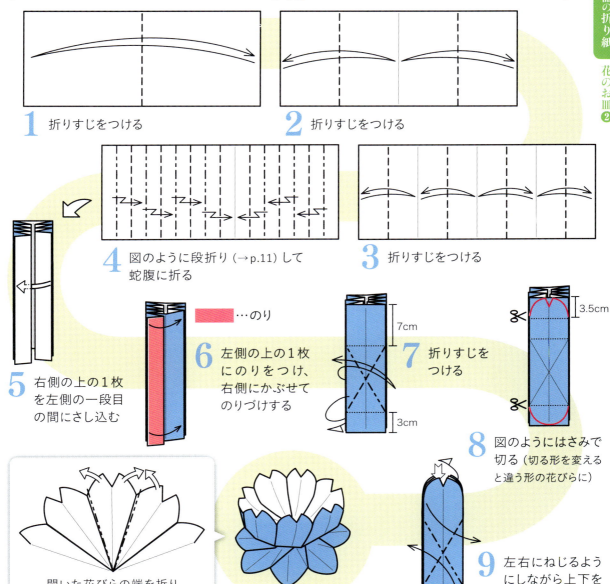

1 折りすじをつける

2 折りすじをつける

3 折りすじをつける

4 図のように段折り（→p.11）して蛇腹に折る

5 右側の上の1枚を左側の一段目の間にさし込む

6 左側の上の1枚にのりをつけ、右側にかぶせてのりづけする

…のり

7 折りすじをつける

8 図のようにはさみで切る（切る形を変えると違う形の花びらに）

9 左右にねじるようにしながら上下を同時に開く

開いた花びらの端を折りつぶしてひだをつくる

できあがり

楊枝入れ

ちょこんと小さな楊枝入れ。
柄入りの折り紙で折っても素敵です。
色違いで作って食卓を彩るのも◎。

楊枝入れ

【完成サイズ】
約3.5cm×3cm×4cm

【材料】
のり

【紙のサイズ／枚数】
7.5cm×7.5cm　3枚
（コピー用紙程度の厚さの紙）

第2章 いろいろな器の折り紙　楊枝入れ

・作り方・

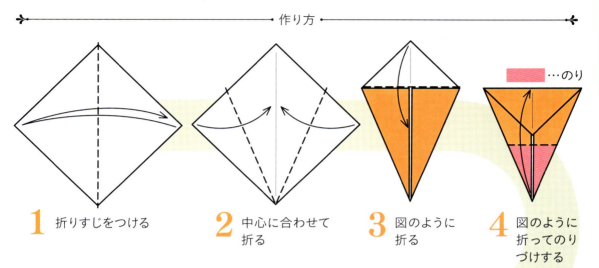

1 折りすじをつける

2 中心に合わせて折る

3 図のように折る

4 図のように折ってのりづけする

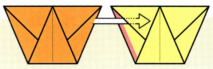

7 3枚つなげたら、端の角をさし込んでのりづけし、輪にする

6 残りの紙も1～5と同様に折り、角をさし込んでのりづけする

5 折りすじをつける

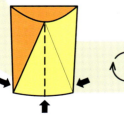

8 輪にしたところ。下側のパーツのつなぎ目（角）の間3カ所を中心に押し込むようにして合わせる

9 下から見たところ。内側をのりづけする

できあがり

ペン立て

パーツを組み合わせて作るペン立て。
写真は2種類の紙を使ったデザインですが、
すべて同じ柄の紙で折って雰囲気を変えても。

バスケット
(ペン立てアレンジ)

ペン立てと同じ折り方で作り、
持ち手をつけるだけでバスケットにアレンジ。
底の紙を小さくして、持ち運びしやすい形に。

ペン立て

【完成サイズ】
約11cm×11cm×9.5cm

【材料・道具】
のり

【紙のサイズ／枚数】
底 18cm×18cm　1枚
（コピー用紙～タント程度の厚さの紙）
本体 18cm×18cm　4枚
（コピー用紙～タント程度の厚さの紙）

・作り方・

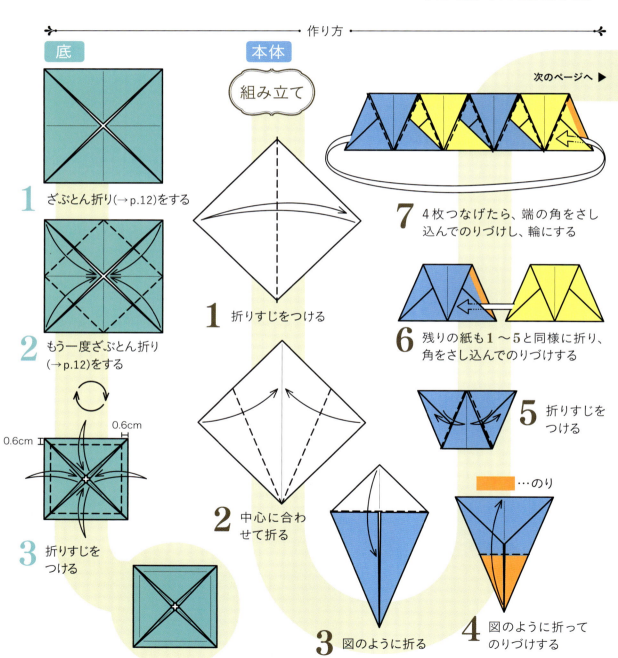

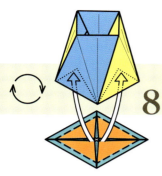

できあがり

8 輪にしたところ。
底 を7の内側にのりづけする

バスケット

【完成サイズ】
約14cm×14cm×22cm

【材料・道具】
のり

【紙のサイズ／枚数】
持ち手 3cm×20cm　2枚
（コピー用紙〜タント程度の厚さの紙）
底 20.8cm×20.8cm　1枚
（コピー用紙〜タント程度の厚さの紙）
本体 25cm×25cm　4枚
（コピー用紙〜タント程度の厚さの紙）

・作り方・

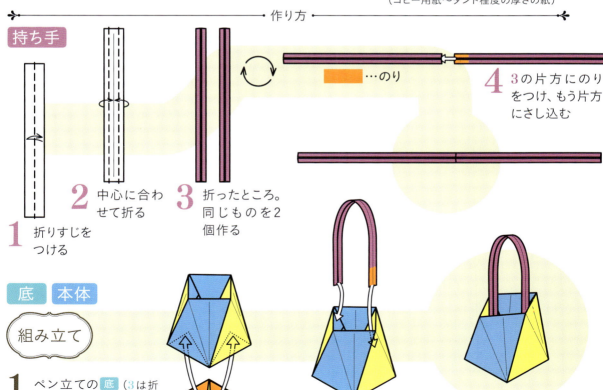

持ち手

1 折りすじをつける
2 中心に合わせて折る
3 折ったところ。同じものを2個作る
…のり
4 3の片方にのりをつけ、もう片方にさし込む

底 本体

組み立て

1 ペン立ての 底 （3は折らない）、本体 組み立て と同様に作る
2 1に 持ち手 をのりづけする

できあがり

一輪挿し

ころんとした形がかわいい一輪挿し。
上質な紙を選んで作ると高級感のある
仕上がりになります。

一輪挿し

【完成サイズ】
約8.5cm×9.5cm×8.2cm

【道具】
はさみ

【紙のサイズ／枚数】
パーツA
15cm幅、長さ35cm以上の紙　1枚
（コピー用紙〜タント程度の厚さの紙）
パーツB
25cm幅、長さ75cm以上の紙　1枚
（コピー用紙〜タント程度の厚さの紙）

第2章 いろいろな器の折り紙　一輪挿し

• 作り方 •

紙の切り出し方

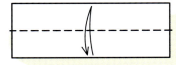
1 折りすじをつける

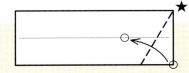
2 ○と○が合うように折る
（★の角を通るように折る）

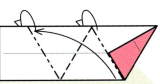
3 図のように折る

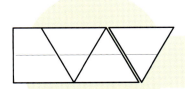
切ったところ。パーツAは3枚、パーツBは4枚切り出す

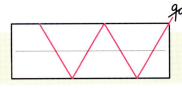
5 折りすじの位置ではさみで切る

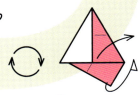
4 すべて開く

パーツA

1 図のように折る

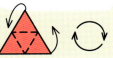
2 図のように折って角を立てる

同じものを3個作る

パーツB

1 折りすじをつける

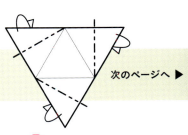
2 図のように山折りする

次のページへ ▶

71

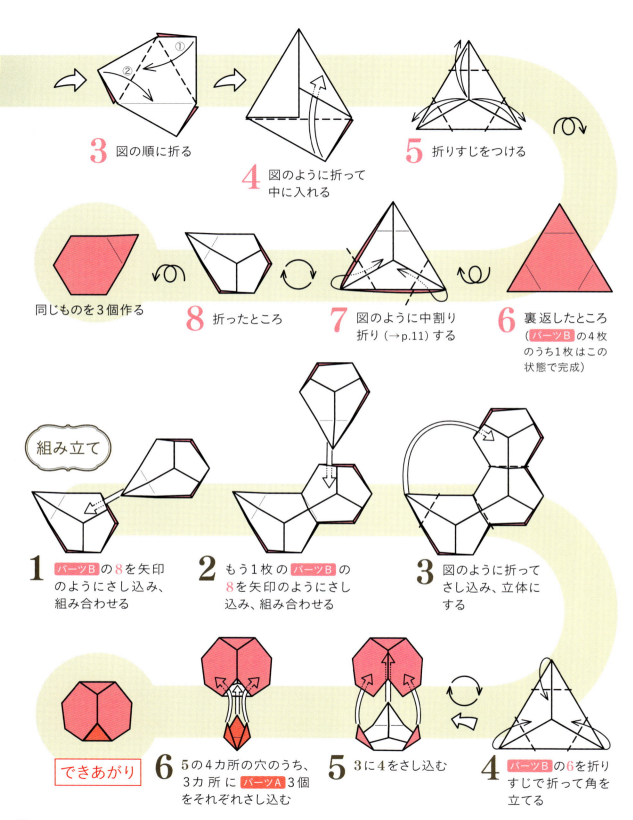

第3章
袋の折り紙

ハート形の小さなバッグや使いやすい手さげ袋、
食卓が華やぐ箸袋、小さなポチ袋や巾着袋……。
プレゼントや、特別な日の演出にも使える作品ばかりです。

ハートのミニバッグ

小さなお菓子などが入るハートのミニバッグ。
バレンタインデーにチョコレートを
入れてプレゼントにしても。

ハートのミニバッグ

【完成サイズ】
約6.7cm×11cm

【材料】
のり

【紙のサイズ／枚数】
本体 15cm×15cm　1枚
（コピー用紙程度の厚さの紙）
持ち手 1.5cm×15cm　1枚
（コピー用紙程度の厚さの紙）

第3章 袋の折り紙 ハートのミニバッグ

― 作り方 ―

本体

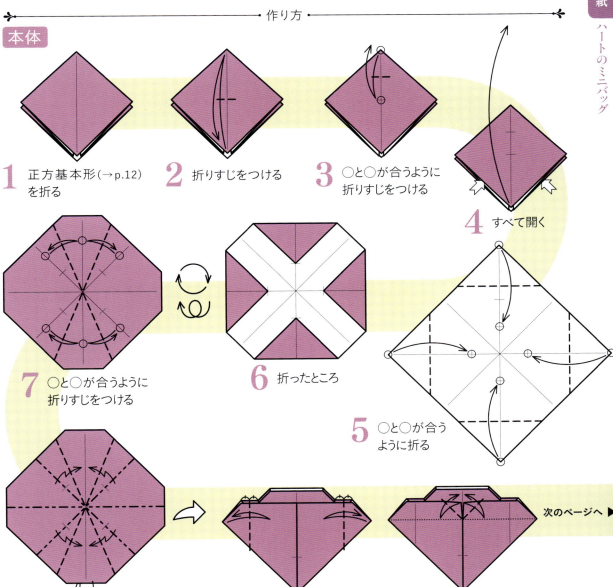

1 正方基本形（→p.12）を折る

2 折りすじをつける

3 ○と○が合うように折りすじをつける

4 すべて開く

5 ○と○が合うように折る

6 折ったところ

7 ○と○が合うように折りすじをつける

8 段折り（→p.11）をしながら図のように折りたたむ

9 折りすじをつける

10 折りすじをつける

次のページへ ▶

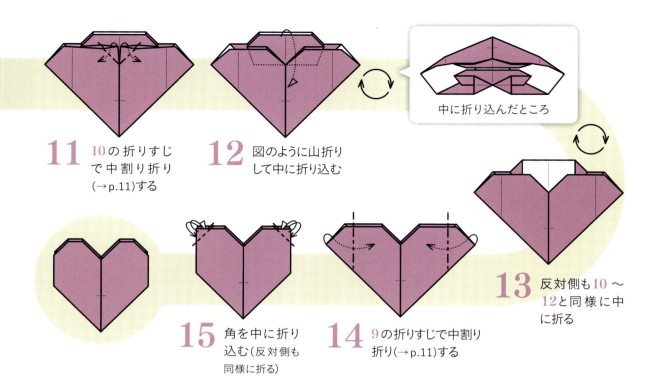

中に折り込んだところ

11 10の折りすじで中割り折り(→p.11)する

12 図のように山折りして中に折り込む

13 反対側も10〜12と同様に中に折る

15 角を中に折り込む(反対側も同様に折る)

14 9の折りすじで中割り折り(→p.11)する

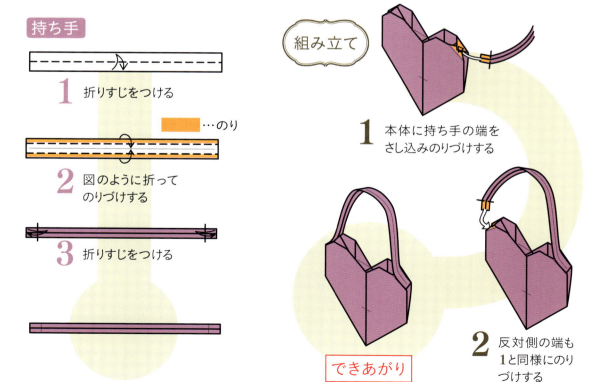

持ち手

1 折りすじをつける

…のり

2 図のように折ってのりづけする

3 折りすじをつける

組み立て

1 本体に持ち手の端をさし込みのりづけする

2 反対側の端も1と同様にのりづけする

できあがり

手さげ袋

シンプルで使いやすい手さげ袋。
袋本体に使用する紙の大きさを
変更してお好みのサイズに仕上げて。

手さげ袋

【完成サイズ】
約20cm×29cm×マチ7cm
（持ち手部分を含む）

【材料】
のり

【紙のサイズ／枚数】
本体　30cm×41cm　1枚
（タント程度の厚さの紙）
持ち手　4cm×30cm　2枚
（タント程度の厚さの紙）

・作り方・

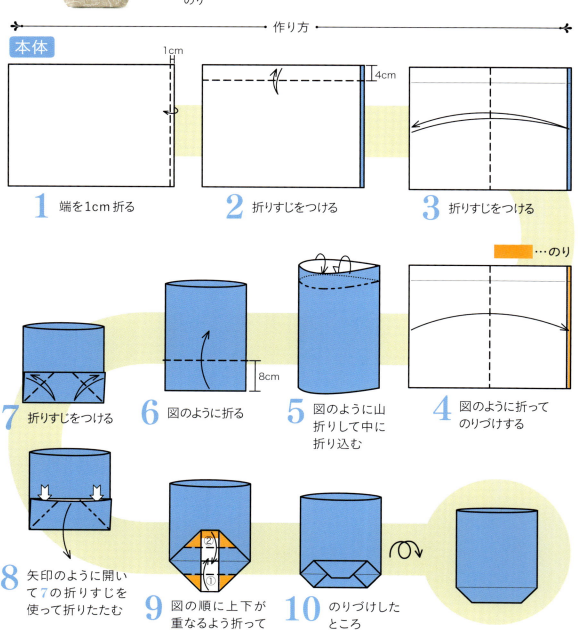

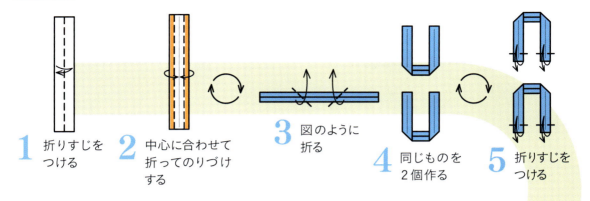

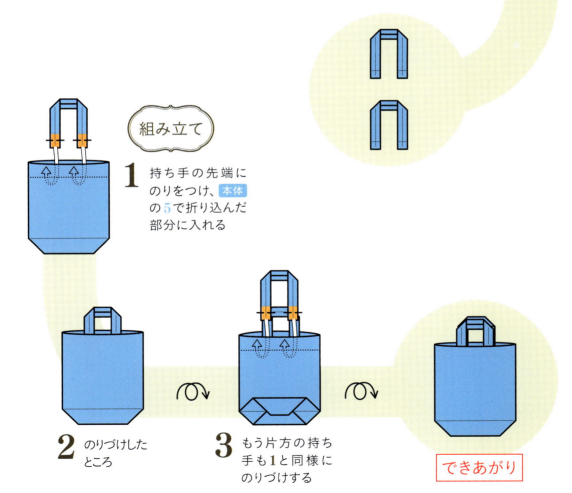

箸袋

手軽に作れるタイプと特別な場面にも
使える華やかなタイプの2種類の箸袋。
着物に見立てた帯がポイントです。

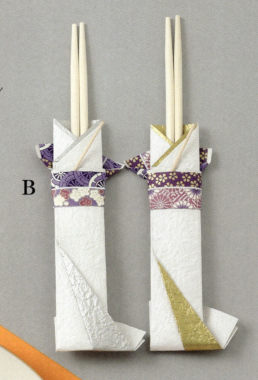

B

A

箸袋 A

【完成サイズ】
約4cm×12cm

【紙のサイズ／枚数】
15cm×15cm　1枚
（コピー用紙程度の厚さの紙）

第3章 袋の折り紙　箸袋

・作り方・

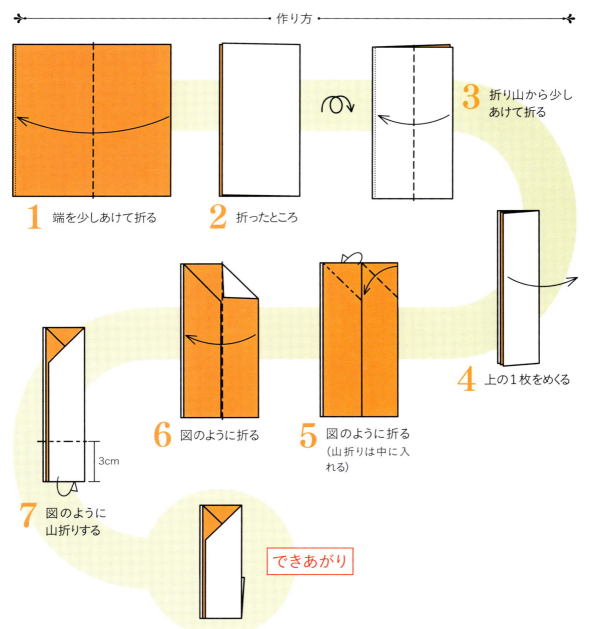

1 端を少しあけて折る

2 折ったところ

3 折り山から少しあけて折る

4 上の1枚をめくる

5 図のように折る（山折りは中に入れる）

6 図のように折る

7 図のように山折りする

3cm

できあがり

箸袋 B

【完成サイズ】
約6cm×16.5cm（帯を含む）

【材料・道具】
のり

【紙のサイズ／枚数】
帯 5.5cm×15.5cm　1枚
（コピー用紙程度の厚さの紙）
箸袋 10cm×20cm　2枚
（コピー用紙程度の厚さの紙）

・作り方・

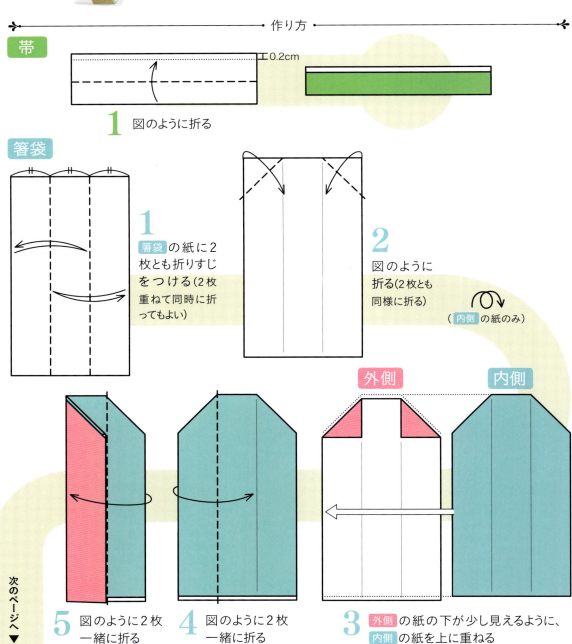

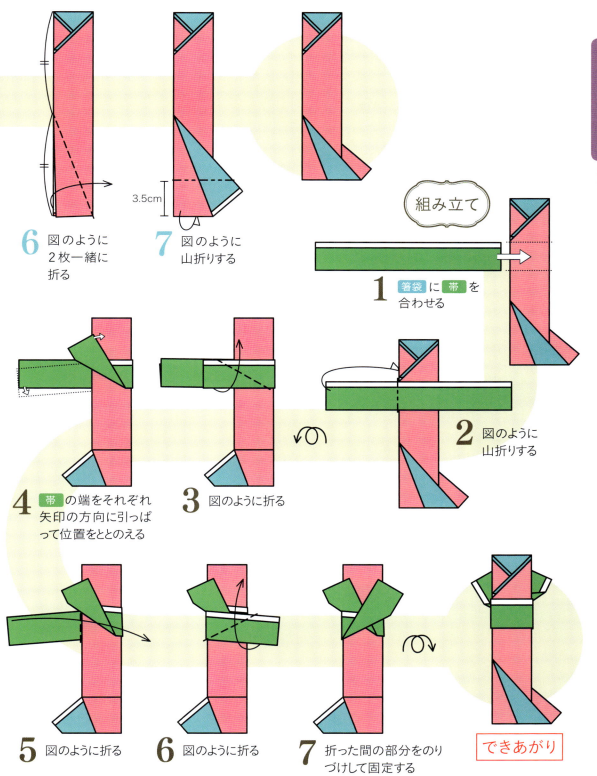

ポチ袋

かんたんに折れる2種類のポチ袋。
飾り紙や帯に使う紙は、袋と対照的な色を
意識して選ぶとかわいく仕上がります。

A

B

ポチ袋 A

【完成サイズ】
約7.5cm×11cm

【紙のサイズ／枚数】
袋 24cm×24cm　1枚
（コピー用紙程度の厚さの紙）
飾り紙 6.2cm×24cm　1枚
（コピー用紙程度の厚さの紙）

第3章 袋の折り紙　ポチ袋

———— 作り方 ————

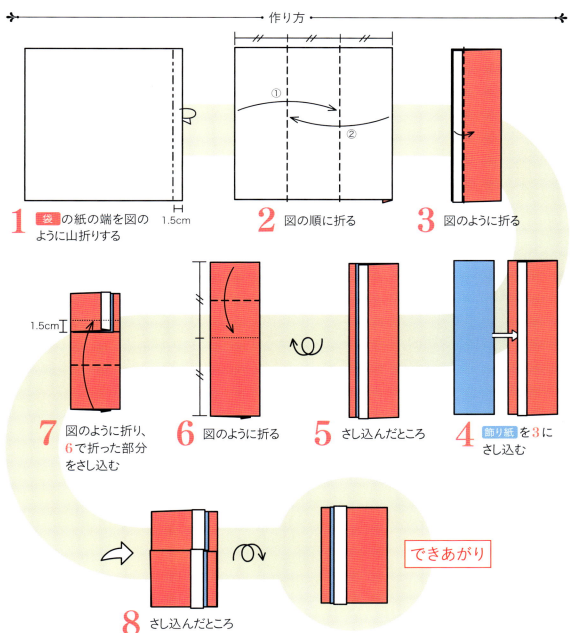

1　袋の紙の端を図のように山折りする　1.5cm

2　図の順に折る

3　図のように折る

4　飾り紙を3にさし込む

5　さし込んだところ

6　図のように折る

7　図のように折り、6で折った部分をさし込む

8　さし込んだところ

できあがり

ポチ袋 B

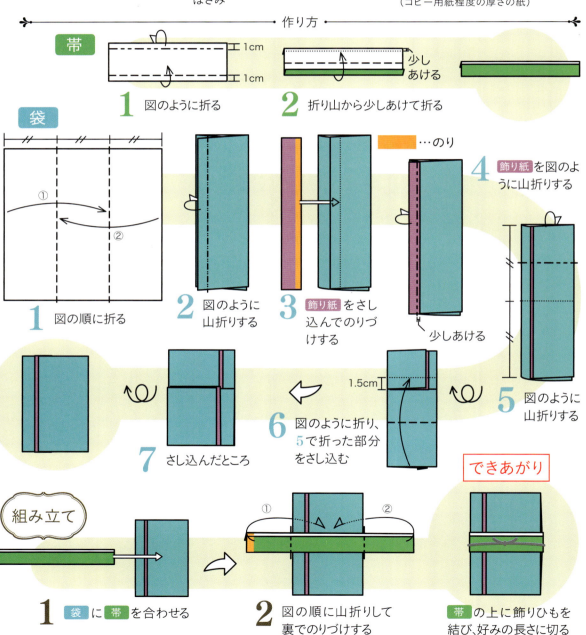

【完成サイズ】
約8cm×11cm

【材料・道具】
飾りひも　25cm×1本
のり
はさみ

【紙のサイズ／枚数】
帯　8cm×21cm　1枚
（コピー用紙程度の厚さの紙）
袋　24cm×24cm　1枚
（コピー用紙程度の厚さの紙）
飾り紙　3cm×24cm　1枚
（コピー用紙程度の厚さの紙）

作り方

帯
1. 図のように折る
2. 折り山から少しあけて折る

袋
1. 図の順に折る
2. 図のように山折りする
3. 飾り紙をさし込んでのりづけする
4. 飾り紙を図のように山折りする
5. 図のように山折りする
6. 図のように折り、5で折った部分をさし込む
7. さし込んだところ

組み立て
1. 袋に帯を合わせる
2. 図の順に山折りして裏でのりづけする

できあがり　帯の上に飾りひもを結び、好みの長さに切る

祝儀袋

和紙で作るシンプルで上品な祝儀袋。
手づくりの祝儀袋を作って
心のこもったお祝いにしましょう。

祝儀袋

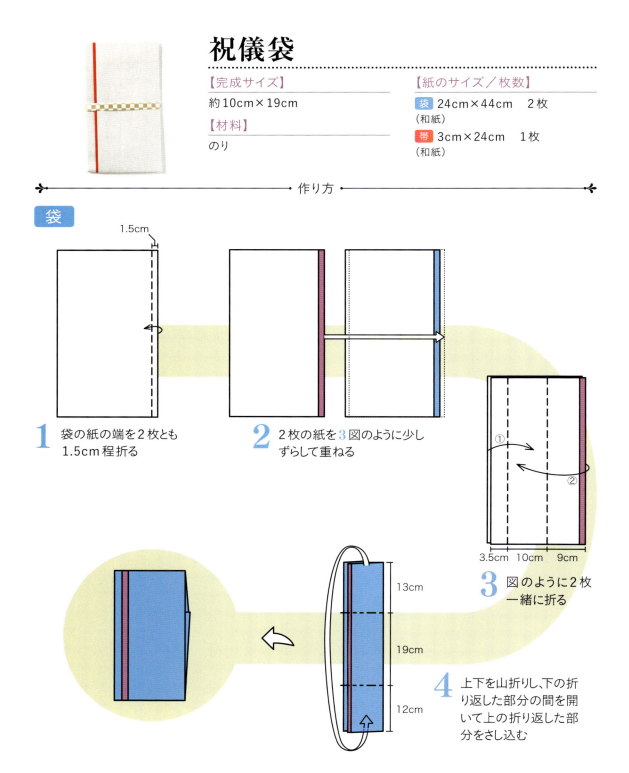

【完成サイズ】
約10cm×19cm

【材料】
のり

【紙のサイズ／枚数】
袋 24cm×44cm　2枚
（和紙）
帯 3cm×24cm　1枚
（和紙）

・作り方・

袋

1 袋の紙の端を2枚とも1.5cm程折る

2 2枚の紙を3図のように少しずらして重ねる

3 図のように2枚一緒に折る

4 上下を山折りし、下の折り返した部分の間を開いて上の折り返した部分をさし込む

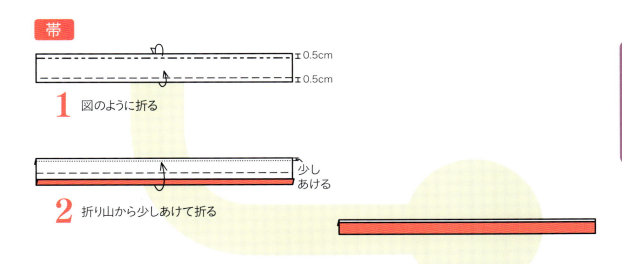

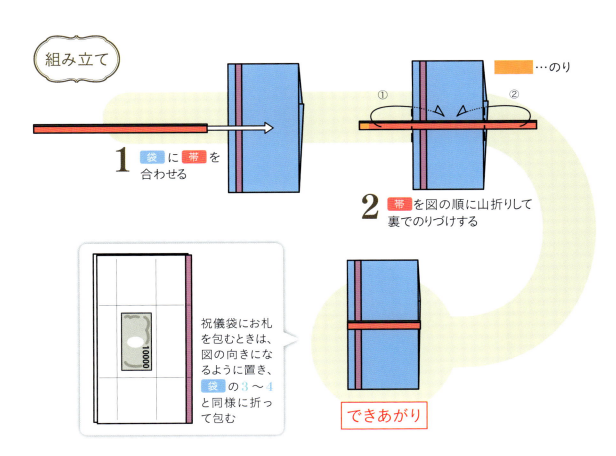

巾着袋

ひもを通して絞れるタイプの巾着袋。
シワ加工されたやわらかい和紙で
折ることでやさしい風合いに仕上がります。

巾着袋

【完成サイズ】
約9cm×9cm×10cm

【材料】
ひも　6cm×10本／60cm×2本
直径7cmの円形に切った厚紙　2枚
のり

【紙のサイズ／枚数】
袋　13cm×31cm　1枚
（ちりめん和紙）
13cm×31cm　1枚
（裏地用／和紙）
底　直径8.5cmの円形　2枚
（ちりめん和紙）

第3章　袋の折り紙
巾着袋

作り方

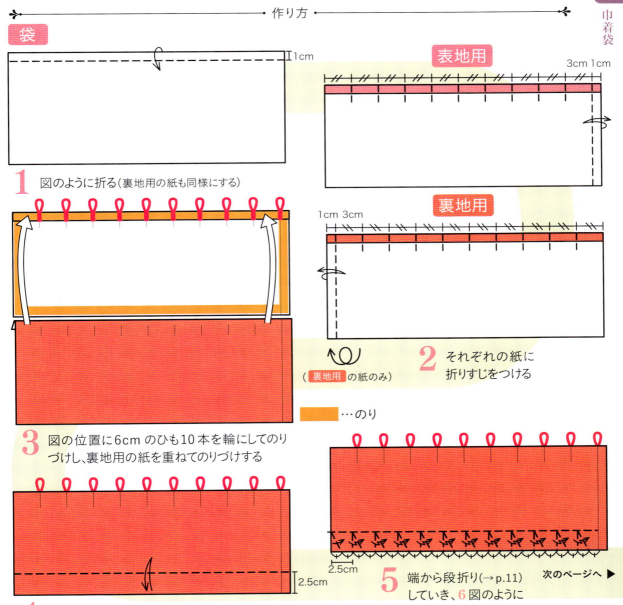

1 図のように折る（裏地用の紙も同様にする）

2 それぞれの紙に折りすじをつける

3 図の位置に6cmのひも10本を輪にしてのりづけし、裏地用の紙を重ねてのりづけする

4 折りすじをつける

5 端から段折り（→p.11）していき、6図のように紙を筒状にする

次のページへ▶

91

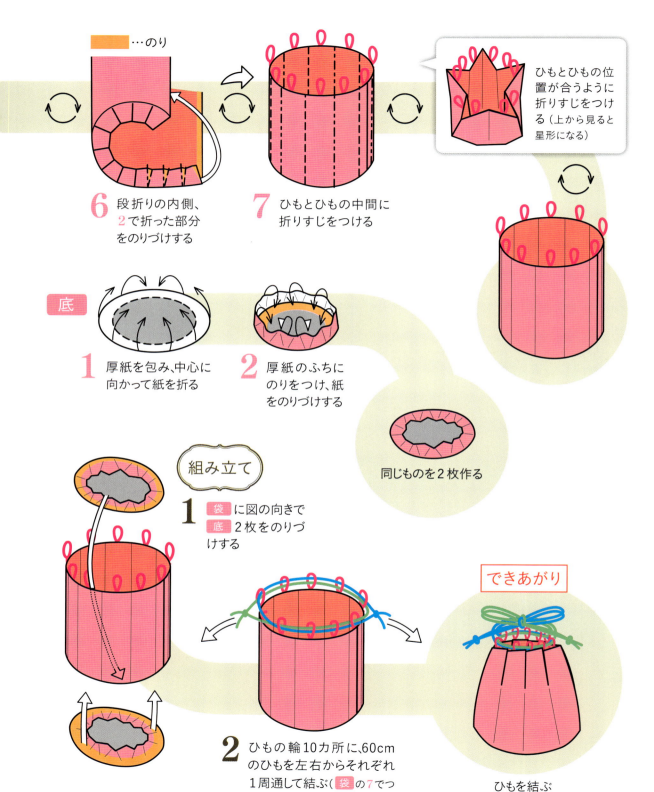

第4章
カバー、ケースの折り紙

ティッシュケースや名刺入れ、お札入れなど
毎日持ち歩くものを折り紙で作ってみましょう。
お気に入りの紙で折って自分好みの作品に仕上げて。

ティッシュケース

表にも裏にも両面にティッシュが入れられる
便利なティッシュケース。
柄物の紙で折るとかわいらしい仕上がりに。

ティッシュケース

【完成サイズ】
約8cm×12cm

【材料】
のり

【紙のサイズ／枚数】
20.5cm×30cm　1枚
（コピー用紙程度の厚さの紙）

・作り方・

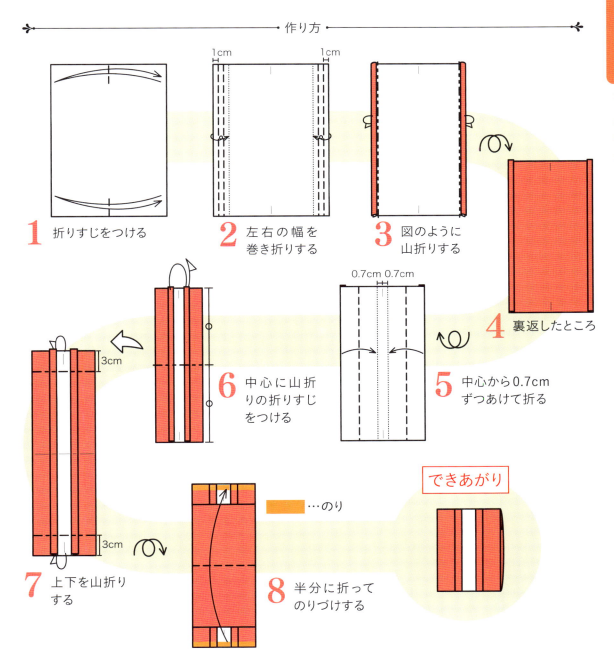

1 折りすじをつける

2 左右の幅を巻き折りする

3 図のように山折りする

4 裏返したところ

5 中心から0.7cmずつあけて折る

6 中心に山折りの折りすじをつける

7 上下を山折りする

8 半分に折ってのりづけする

…のり

できあがり

フォトフレーム

L判の写真が入るフォトフレーム。
フレーム部分の幅をそろえて折ると
仕上がりがきれいになります。

フォトフレーム

【完成サイズ】
約15cm×10.5cm

【紙のサイズ／枚数】
22cm×22cm　1枚
(コピー用紙程度の厚さの紙)

第4章 カバー、ケースの折り紙　フォトフレーム

・作り方・

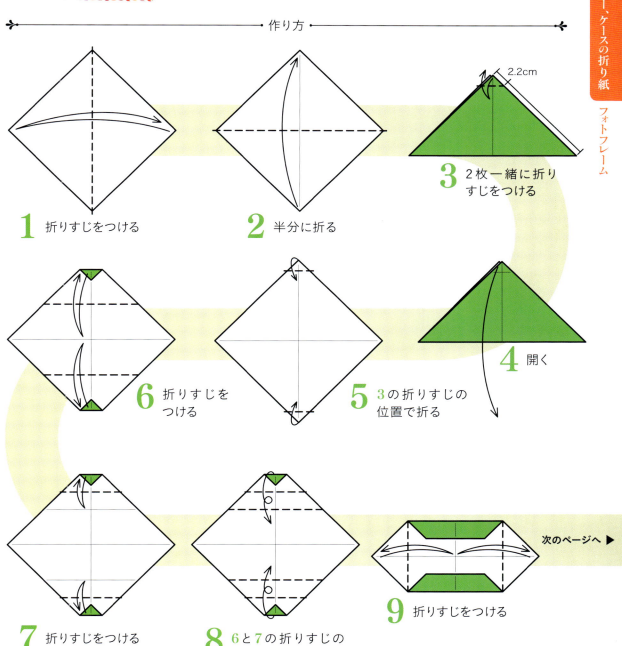

1 折りすじをつける

2 半分に折る

3 2枚一緒に折りすじをつける

4 開く

5 3の折りすじの位置で折る

6 折りすじをつける

7 折りすじをつける

8 6と7の折りすじの位置で巻き折りする

9 折りすじをつける

次のページへ ▶

97

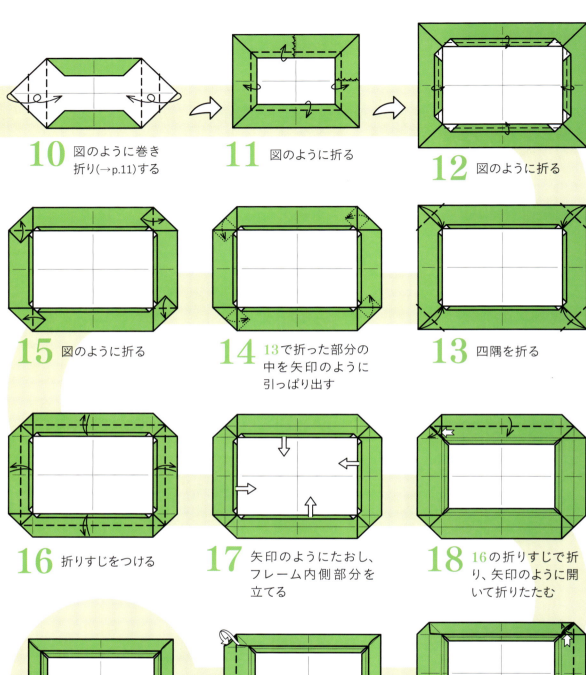

10 図のように巻き折り(→p.11)する

11 図のように折る

12 図のように折る

15 図のように折る

14 13で折った部分の中を矢印のように引っぱり出す

13 四隅を折る

16 折りすじをつける

17 矢印のようにたおし、フレーム内側部分を立てる

18 16の折りすじで折り、矢印のように開いて折りたたむ

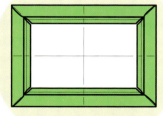

できあがり

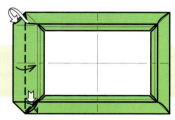

20 最後の1カ所は片側をさし込み、もう片側は18で折ってできた角をさし込む

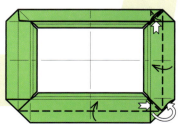

19 図の2カ所も18と同様に折り、開いた角を隣の穴にさし込む

小銭入れ

ふたが丸くカーブした形がかわいい小銭入れ。
マチの部分が広がるので、
小銭がたっぷりと収納できます。

小銭入れ

【完成サイズ】
約9cm×7cm×2.5cm
（ふたを閉じた状態）

【紙のサイズ／枚数】
55cm×17cm　1枚
（コピー用紙程度の厚さのやわらかい紙）

【材料・道具】
やわらかい厚紙　8cm×15cm　1枚
のり
はさみ

― 作り方 ―

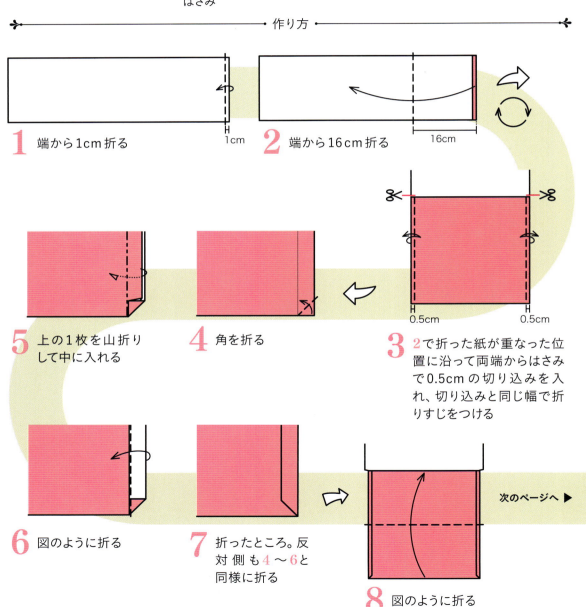

1 端から1cm折る

2 端から16cm折る

3 2で折った紙が重なった位置に沿って両端からはさみで0.5cmの切り込みを入れ、切り込みと同じ幅で折りすじをつける

4 角を折る

5 上の1枚を山折りして中に入れる

6 図のように折る

7 折ったところ。反対側も4〜6と同様に折る

8 図のように折る

次のページへ ▶

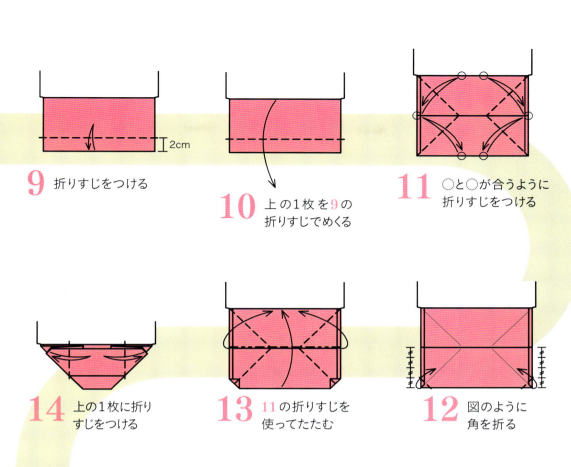

9 折りすじをつける

10 上の1枚を9の折りすじでめくる

11 ○と○が合うように折りすじをつける

14 上の1枚に折りすじをつける

13 11の折りすじを使ってたたむ

12 図のように角を折る

第4章 カバー、ケースの折り紙　小銭入れ

15 14の折りすじで中割り折り（→p.11）する

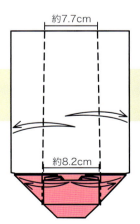

16 下の1枚に15と同様に折りすじをつけ、その折りすじの延長線上から上に向かって幅が少しせまくなるように折りすじをつける

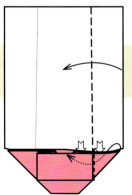

17 16の折りすじで中割り折り（→p.11）し、2で折った部分の中に入れる

次のページへ ▶

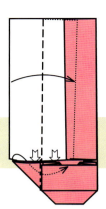

18 反対側も16の折りすじで中割り折り（→p.11）し、2で折った部分の中に入れる

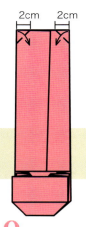

19 角を折る

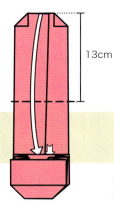

20 図のように折って先端を2で折った部分の中に入れる

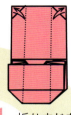

21 折りすじをつけ、開いて16の状態まで戻す

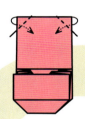

24 21の折りすじで中割り折り（→p.11）する

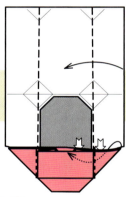

23 17〜20と同様に折る

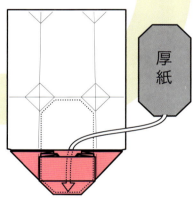

22 図のように形を合わせて厚紙を切り、中にさし込む

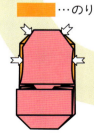

■…のり

25 図のように開いて間をのりづけする

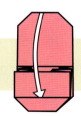

26 ふたを矢印のようにさし込む

できあがり

大きく開いて小銭が取り出しやすい！

102

名刺入れ

名刺を分けてしまえるポケットつきの名刺入れ。
表面にはっ水加工の施された紙を使うと
強度も上がります。

名刺入れ

【完成サイズ】
約10.5cm×7.5cm×2.8cm
（ふたを閉じた状態）

【材料】
のり

【紙のサイズ／枚数】
68cm×23.5cm　1枚
（タント程度の厚さのやわらかい紙）

・作り方・

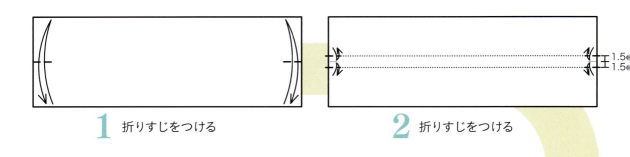

1 折りすじをつける

2 折りすじをつける

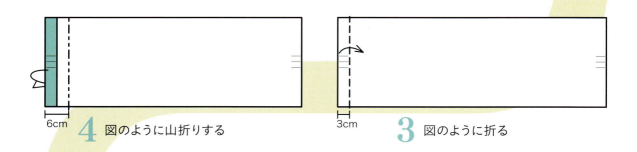

4 図のように山折りする

3 図のように折る

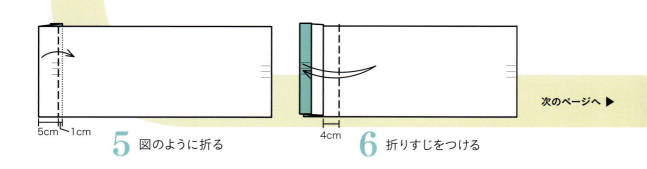

5 図のように折る

6 折りすじをつける

次のページへ ▶

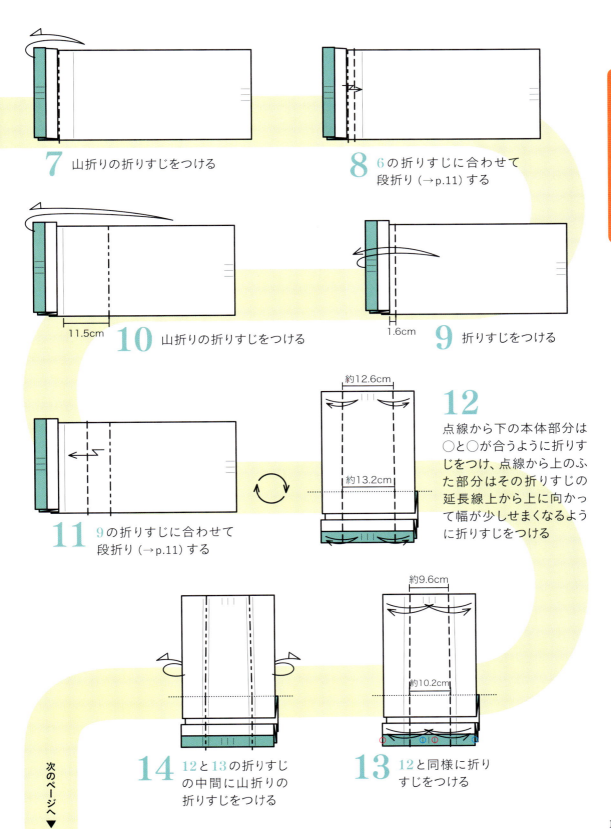

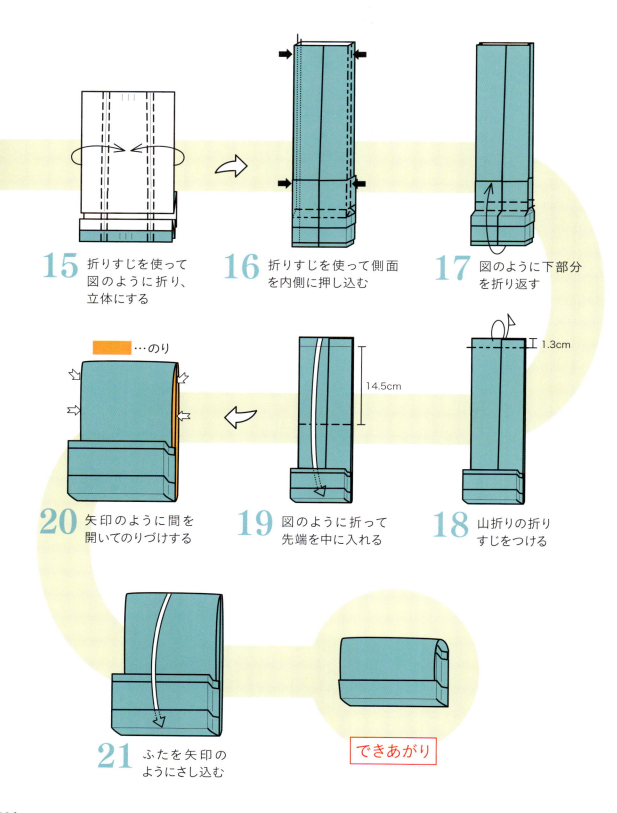

お札入れ

折らずにお札を入れられる、長財布タイプの
お札入れ。カードの収納ポケットも
三段ずつあり、機能性抜群です。

お札入れ

【完成サイズ】
約19.5cm×10cm×2.2cm
(閉じた状態)

【材料】
のり

【紙のサイズ／枚数】
外側用 108cm×41cm　1枚
内側用 17cm×19.4cm　1枚
(タント程度の厚さの紙)

・作り方・

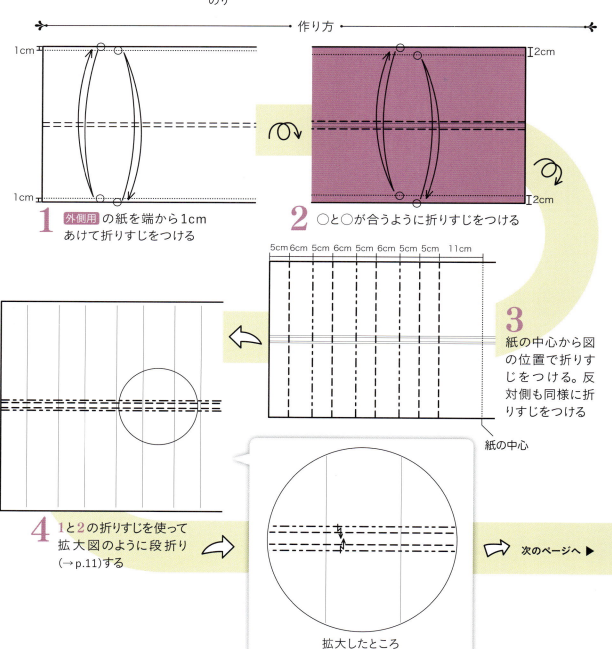

1 外側用 の紙を端から1cmあけて折りすじをつける

2 ○と○が合うように折りすじをつける

3 紙の中心から図の位置で折りすじをつける。反対側も同様に折りすじをつける

4 1と2の折りすじを使って拡大図のように段折り(→p.11)する

拡大したところ

次のページへ▶

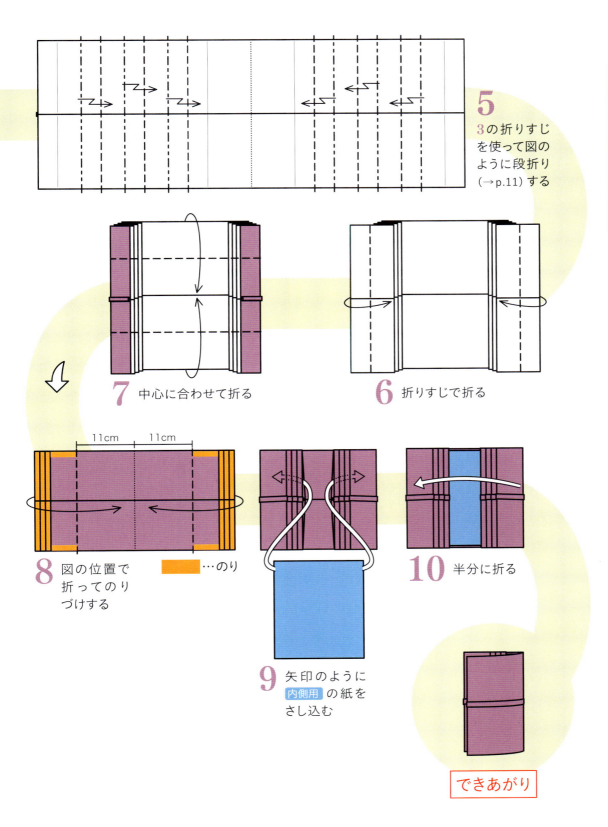

ブックカバー

文庫本サイズの本を入れられるブックカバー。
カバンに入れてもページが開かないように
ブックバンドもついていて安心です。

ブックカバー

【完成サイズ】
約11cm×15.5cm×2.5cm
（閉じた状態）

【材料】
のり

【紙のサイズ／枚数】
内側 17cm×23cm　1枚
（コピー用紙程度の厚さの紙）
ブックバンド 6cm×38cm　1枚
（コピー用紙程度の厚さの紙）
外側 31cm×72.5cm　1枚
（コピー用紙程度の厚さの紙）

第4章 カバー、ケースの折り紙　ブックカバー

・作り方・

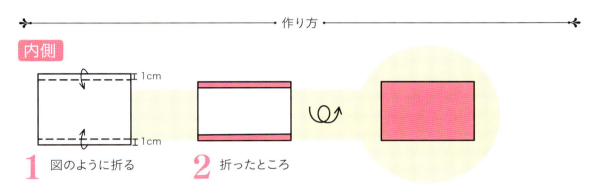

内側
1 図のように折る
2 折ったところ

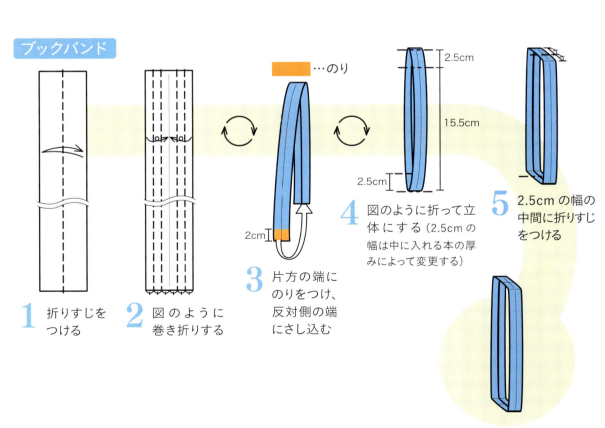

ブックバンド
1 折りすじをつける
2 図のように巻き折りする
3 片方の端にのりをつけ、反対側の端にさし込む
4 図のように折って立体にする（2.5cmの幅は中に入れる本の厚みによって変更する）
5 2.5cmの幅の中間に折りすじをつける

111

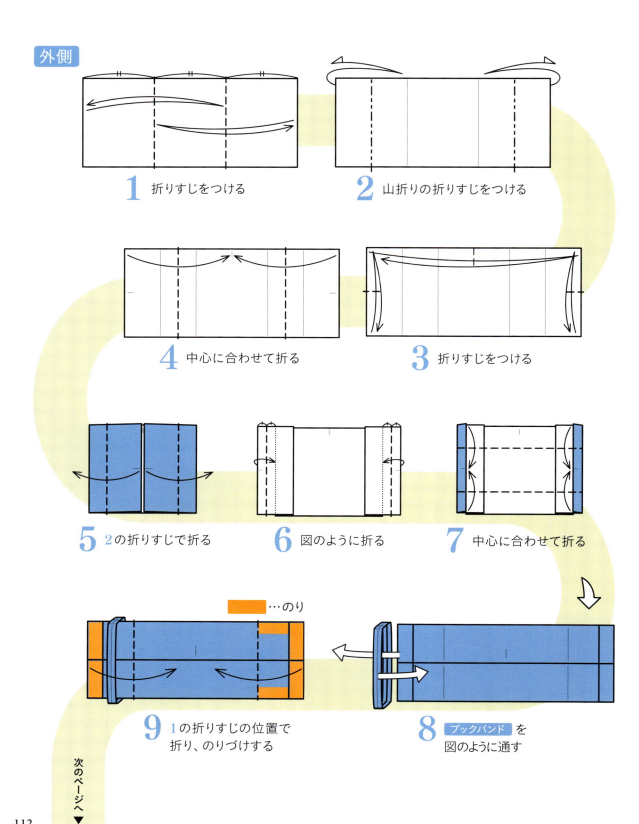

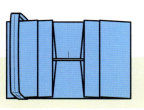

10 折ったところ

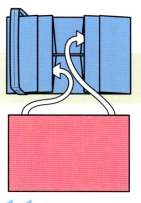

11 内側を9の中にさし込む

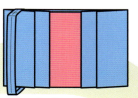

12 さし込んだところ

できあがり

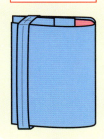

通したところ。本を閉じているときはこの状態で収納する

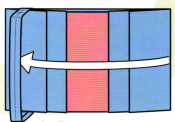

13 半分に折りブックバンドに通す（折り目はつけない）

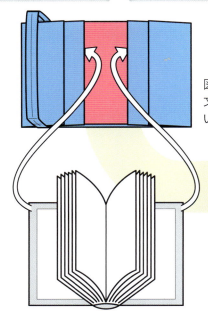

図の位置に文庫本を開いてさし込む

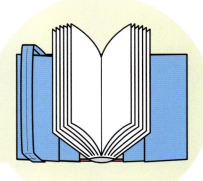

本を読むときはブックバンドを折りたたんで使う

第4章 カバー、ケースの折り紙　ブックカバー

メガネケース

ひもつきで壁にかけられるタイプの
メガネケース。フックで目につくところに
掛けておけば忘れ物防止に!

メガネケース

【完成サイズ】
約8.5cm×19cm×1.5cm
（ひもを含まない）

【材料】
ひも　45cm×1本
のり

【紙のサイズ／枚数】
内側　25cm×25cm　1枚
（コピー用紙程度の厚さの紙）
外側　25cm×25cm　1枚
（コピー用紙程度の厚さの紙）

第4章 カバー、ケースの折り紙　メガネケース

・作り方・

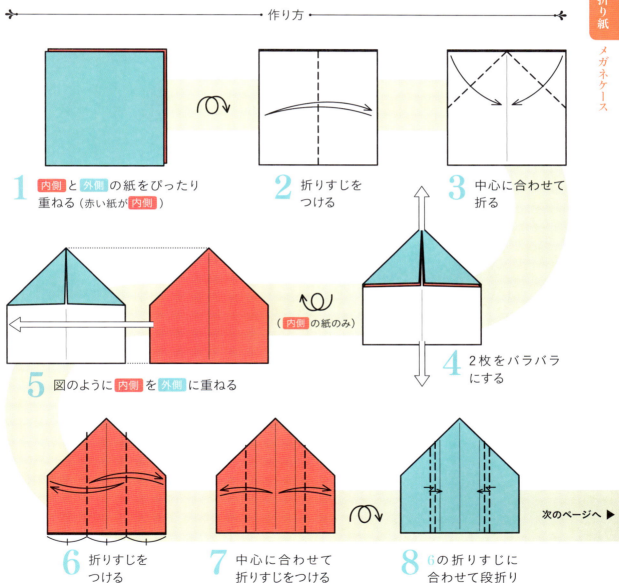

1 内側と外側の紙をぴったり重ねる（赤い紙が内側）

2 折りすじをつける

3 中心に合わせて折る

4 2枚をバラバラにする

5 図のように内側を外側に重ねる

6 折りすじをつける

7 中心に合わせて折りすじをつける

8 6の折りすじに合わせて段折り（→p.11）する

次のページへ▶

115

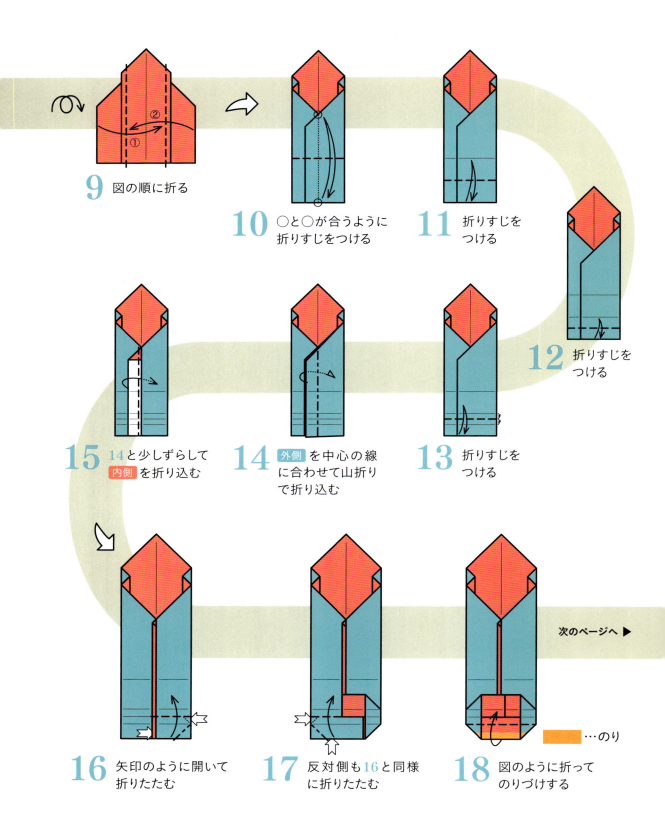

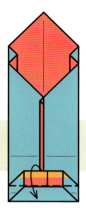

19 反対側も18と同様に折ってのりづけする

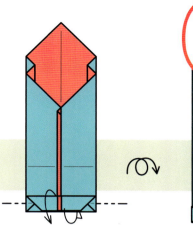

20 マチ部分を裏へ折り返す

21 ひもを結んで輪にし、図のように折ってのりづけする

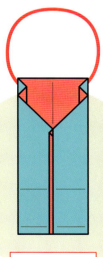

できあがり

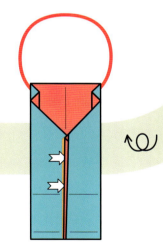

22 間を開いてのりづけする

第4章 カバー、ケースの折り紙 メガネケース

117

懐紙入れ

懐紙をさっと取り出せるように
片側が開いているつくりの懐紙入れ。
ポケット部分には楊枝やペンをはさんでも。

懐紙入れ

【完成サイズ】
約17cm×9.5cm×3.5cm
（閉じた状態）

【材料】
やわらかい厚紙　23cm×17cm　1枚
のり

【紙のサイズ／枚数】
内側　5cm×18cm　1枚
　　　16.5cm×16.5cm　1枚(和紙)
外側　19cm×58cm　1枚(和紙)

―― 作り方 ――

内側

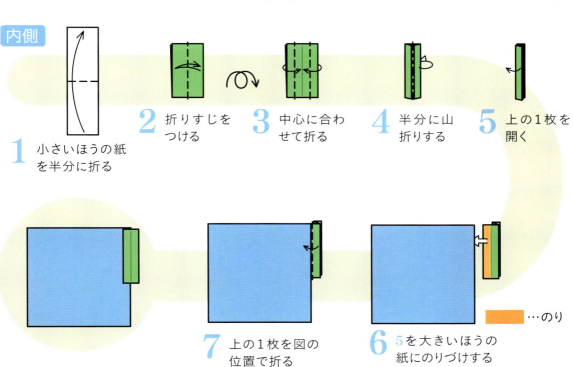

1. 小さいほうの紙を半分に折る
2. 折りすじをつける
3. 中心に合わせて折る
4. 半分に山折りする
5. 上の1枚を開く
6. 5を大きいほうの紙にのりづけする
7. 上の1枚を図の位置で折る

■…のり

外側

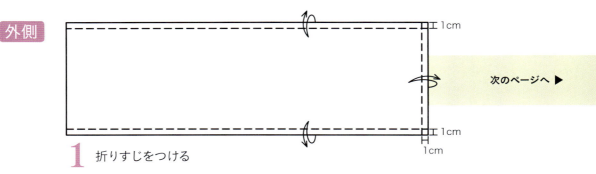

1. 折りすじをつける

次のページへ ▶

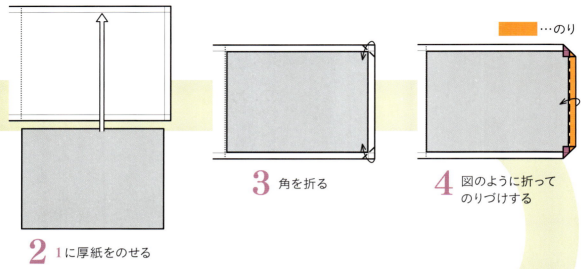

2 1に厚紙をのせる

3 角を折る

4 図のように折って
のりづけする

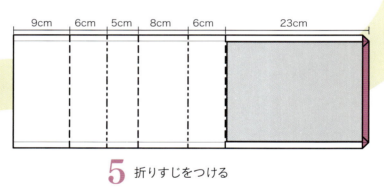

5 折りすじをつける

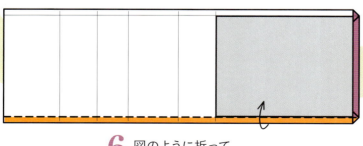

6 図のように折って
のりづけする

次のページへ ▶

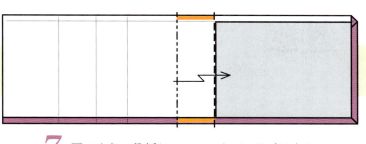

7 図のように段折り（→p.11）してのりづけする

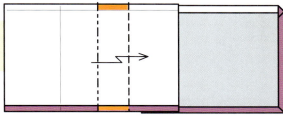

8 図のように段折り（→p.11）してのりづけする

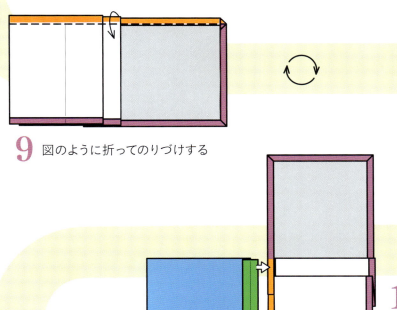

9 図のように折ってのりづけする

10 9に 内側 をのりづけする

次のページへ ▼

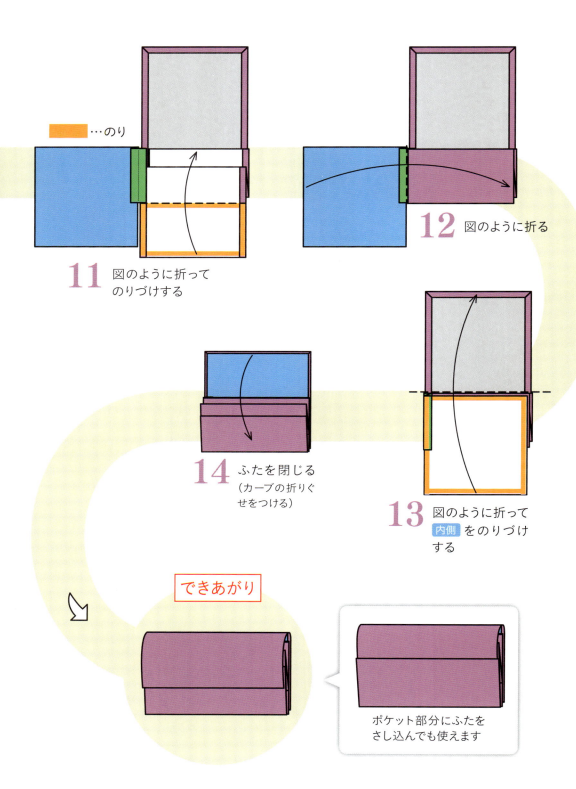

ランドセル

お菓子などが入るミニサイズのランドセル。
プレゼントにしても、飾り物にしても◎。
子どもと一緒に作っても喜ばれます。

ランドセル

【完成サイズ】	【材料・道具】
約6.5cm×9cm×10cm （閉じた状態）	のり はさみ

【紙のサイズ／枚数】

本体 20cm×78cm　1枚 （タント程度の厚さの紙）	パーツC 2cm×36cm　1枚 1.25cm×16.5cm　2枚 1cm×16.5cm　2枚 （タント程度の厚さの紙）
パーツA 1.5cm×20cm　1枚 （タント程度の厚さの紙）	
パーツB 8cm×9cm　1枚 （タント程度の厚さの紙）	パーツD 1cm×6cm　1枚 （タント程度の厚さの紙）

・作り方・

パーツA

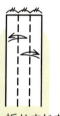

1 折りすじをつける

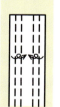

2 1の折りすじに合わせて巻き折り（→p.11）する

パーツB

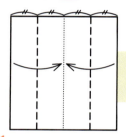

1 中心に合わせて折る

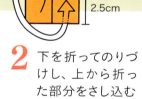　…のり

2 下を折ってのりづけし、上から折った部分をさし込む

パーツC

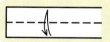

1 長い紙に折りすじをつける

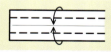

2 中心に合わせて折る

3 帯の中央で図のように折る

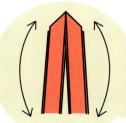

のりがかわかないうちに全体をカーブさせる

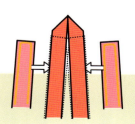

5 4を3の裏にのりづけする

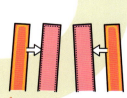

4 1cm幅の短い紙を1.25cm幅の裏にのりづけする

パーツD

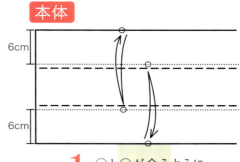

1 図のように巻き折り（→p.11）する

本体

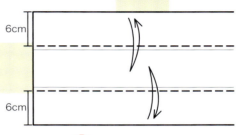

1 ○と○が合うように折りすじをつける

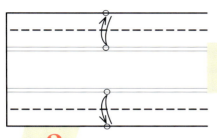

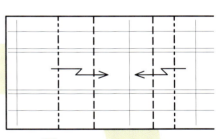

2 折りすじをつける

3 ○と○が合うように折りすじをつける

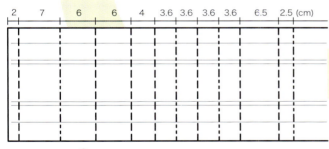

4 左端から折りすじをつける

5 折りすじを使って段折り（→p.11）する

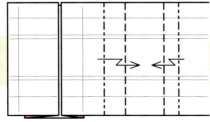

6 折りすじを使って段折り（→p.11）する

第4章 カバー、ケースの折り紙 ランドセル

次のページへ ▼

125

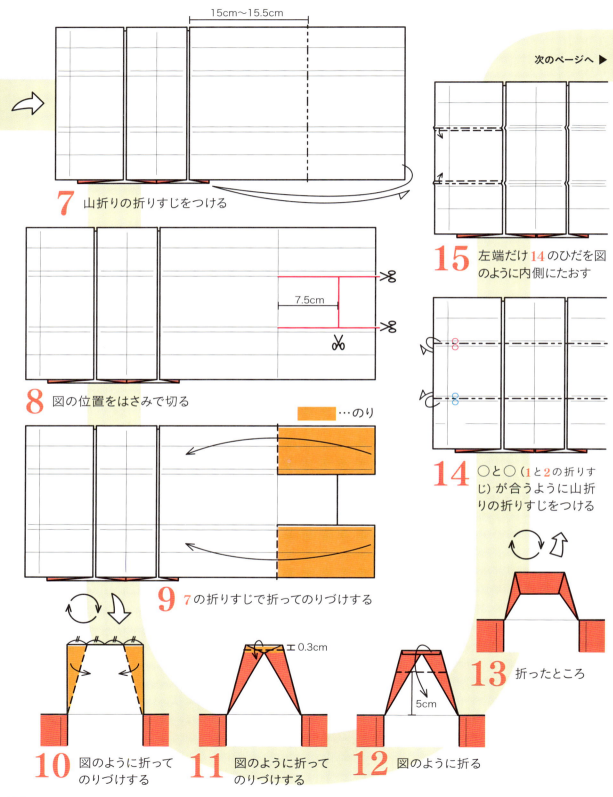

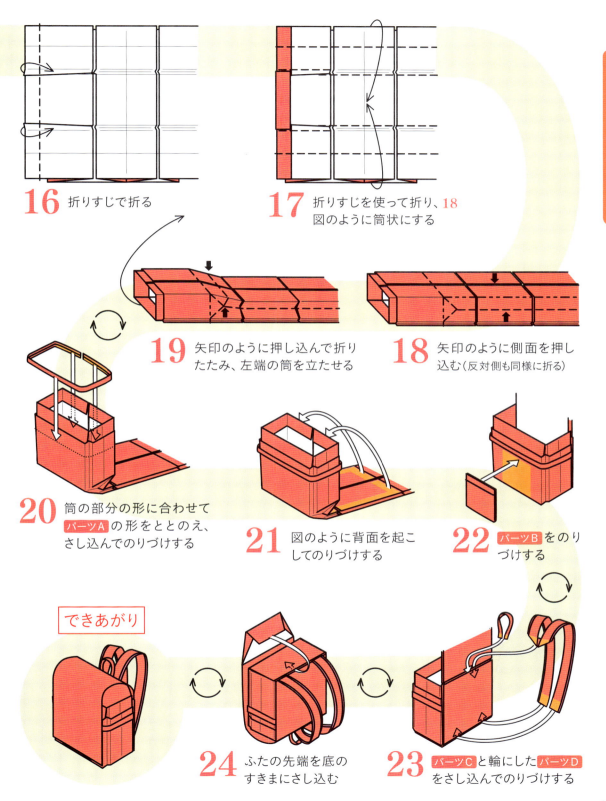

[著者プロフィール]

金杉登喜子（かなすぎ・ときこ）

1936年生まれ。日本折紙協会師範。埼玉県文化団体連合会常任理事。折り紙の文化を伝承し、指導者を養成して地域に還元することを目的として、68年に埼玉県川口市にて「折り紙夢工房」を設立。ボランティアでの折り紙教室、折り紙イベントや作品展の開催、創作折り紙の研究など多方面で活動している。2018年、地域文化活動の振興の功績が認められ、「川口市文化賞」を受賞。著書に『飾って喜ばれる素敵な折り紙』（池田書店）、『暮らしと四季を優雅に楽しむ 実用おりがみ』（成美堂出版）などがある。

金杉優子（かなすぎ・ゆうこ）

折り紙夢工房主宰。日本折紙協会武南支部長。折り紙教室での指導やイベント用作品の制作などを手がける。

左：金杉登喜子　右：金杉優子

巽 照美（たつみ・てるみ）

日本折紙協会講師。日本折紙協会作品展への出品や、折り紙教室での指導など多方面で活躍中。

折り紙でつくる 箱と袋もの

2019年4月20日　第1刷発行

著　者	金杉登喜子／金杉優子／巽 照美
発行者	中村 誠
印刷所	株式会社 光邦
製本所	株式会社 光邦
発行所	株式会社 日本文芸社 〒101-8407　東京都千代田区神田神保町1-7 TEL 03-3294-8931（営業） 　　 03-3294-8920（編集） URL https://www.nihonbungeisha.co.jp/
編集担当	吉村

Printed in Japan　112190325-112190325 Ⓝ 01　（111012）
ISBN978-4-537-21672-1
©Tokiko Kanasugi　2019

本書の一部または全部をホームページに掲載したり、本書に掲載された作品を複製して店頭やネットショップなどで無断で販売することは、著作権法で禁じられています。

乱丁・落丁本などの不良品がありましたら、小社製作部宛にお送りください。送料小社負担にておとりかえいたします。

法律で認められた場合を除いて、本書からの複写・転載（電子化を含む）は禁じられています。また、代行業者等の第三者による電子データ化および電子書籍化は、いかなる場合も認められていません。

[STAFF]

作品制作協力	阿美治子、石山道子、金子朋子、金子マサノ
折り図作成	青木 良（日本折紙協会）
デザイン	松田 剛、猿渡直美 （株式会社 東京100ミリバールスタジオ）
撮影	天野憲仁
スタイリング	中村加奈子
校正	漆原 泉
編集制作	株式会社 童夢

[材料協力]

株式会社クラサワ

東京都台東区の老舗折り紙メーカー。サイズ、素材ともにバリエーション豊かな折り紙や千代紙、和紙などを取り扱う。オンラインショップからも購入できる。

電話　03-3844-2058
住所　東京都台東区駒形2-6-7
HP　　http://www.kurasawa.net/
オンラインショップ　https://origamiyasan.com/